UNIVERSITÉ D'AIX-MARSEILLE

FACULTÉ DE DROIT D'AIX

DES

OBLIGATIONS

ÉMISES

PAR LES SOCIÉTÉS

86567

THÈSE POUR LE DOCTORAT

Présentée et soutenue devant la Faculté de Droit d'Aix

PAR

Sophocle-Jean ZACHARIA

Président : M. BOUVIER-BANGILLON, *Professeur*

Suffragants : { MM. E. JOURDAN } *Professeurs*
{ E. AUDINET }

MARSEILLE

IMPRIMERIE ET STÉRÉOTYPIE T. SAMAT ET Cie

15, Quai du Canal, 15

1897

UNIVERSITÉ D'AIX-MARSEILLE

FACULTÉ DE DROIT D'AIX

DES

OBLIGATIONS

ÉMISES

PAR LES SOCIÉTÉS

THÈSE POUR LE DOCTORAT

Présentée et soutenue devant la Faculté de Droit d'Aix

PAR

Sophocle-Jean ZACHARIA

Président : M. BOUVIER-BANGILLON, *Professeur*

Suffragants : { MM. E. JOURDAN } *Professeurs*
{ E. AUDINET }

MARSEILLE
IMPRIMERIE ET STÉRÉOTYPIE T. SAMAT ET Cie
15, Quai du Canal, 15
1897

A LA MÉMOIRE DE MON PÈRE

INTRODUCTION

Res mobilis res vilis, disait-on avec raison sous
l'empire de l'ancien droit français, alors que la
presque totalité de la fortune publique était représentée par la propriété immobilière. Aux yeux de
nos pères les immeubles constituaient la richesse
par excellence, sinon exclusive ; seules les terres
étaient dignes de l'appellation de bien, de pro-
priétés.

Le Code de 1804 n'a fait que se conformer à
cette idée, en accordant toute sa sollicitude à la
réglementation des immeubles et en assignant une
place moins que secondaire aux meubles. Ces
derniers pourtant à cette époque, surtout dans la
forme de rentes sur l'Etat, méritaient, nous semble-
t-il, une plus grande estime.

Le législateur de 1880 l'a bien compris quand, à propos de la fortune des mineurs, il est venu rendre à ces valeurs mobilières leur place légitime dans la confiance publique.

De nos jours, sans suivre pas à pas la transformation qui s'est produite, et laissant à l'économie politique le soin d'en donner les raisons multiples, nous pouvons affirmer que l'élément le plus important de la richesse publique, dans tous les pays civilisés, se compose de valeurs mobilières. Disons seulement, que le développement du crédit et les grandes entreprises industrielles furent les causes premières de cet esprit d'association qui était d'ailleurs nécessaire pour la réunion des capitaux énormes, indispensables au succès d'œuvres souvent colossales. Les plus grosses fortunes isolées étaient insuffisantes à former ce levier puissant : le capital qui, dans des mains honnêtes et habiles, devient l'instrument merveilleux pour la réalisation d'œuvres dignes de la civilisation et dont la paternité peut être parfois revendiquée par une nation avec orgueil et fierté. Nous ne citerons comme exemple, à cette place, que le Canal de Suez dont la France, coutumière du grand, a doté le monde avec le désintéressement qui la caractérise.

La fortune mobilière est représentée par des valeurs différentes. Les obligations en sont une portion importante et la place qu'elles occupent dans la fortune publique est aujourd'hui la première après celle des rentes. Pour s'en convaincre il n'y a qu'à consulter un journal financier ou la cote de la Bourse.

D'autre part, les obligations, dernières venues en date, ont été malheureusement complètement délaissées par le législateur français; il ne pouvait, il est vrai, au moment de la création de la loi de 1867, prévoir, ni leur importance actuelle, ni les abus auxquels leur émission a donné naissance.

Pour ces raisons et surtout à cause du manque de réglementation, nous avons choisi les obligations comme sujet de notre thèse. Il n'est pas sans intérêt, croyons-nous, d'essayer de rechercher quels sont les principes qui doivent régler les différentes questions qui les concernent.

Notre manière de procéder sera la suivante. Après avoir donné quelques notions générales, nous prendrons l'obligation à sa naissance pour connaître les difficultés qui s'élèvent à propos de l'émission en général et en particulier de la souscription; nous suivrons ensuite l'obligation dans son existence, pour voir comment elle s'y comporte; enfin, pour terminer, nous parlerons de la manière dont elle prend fin et des controverses célèbres qui se rapportent à son remboursement.

Pour nous limiter — la matière étant trop vaste — nous ne nous occuperons que des obligations émises par les sociétés, ayant soin d'éliminer les obligations émises par les compagnies de chemins de fer et les sociétés de Crédit Foncier, obligations, d'ailleurs, réglementées d'une façon particulière par le législateur. Nous mettrons, en outre, de côté les difficultés naissant de la constitution de garantie au profit des obligataires, notamment de la constitution d'hypothèque.

CHAPITRE PREMIER

SECTION PREMIÈRE

Définition et Nature des Obligations

Dans toute société par actions, c'est la réunion des mises des premiers actionnaires qui forme le capital social. Si, dans le courant de l'exploitation, ce capital devient insuffisant, soit pour le développement de ses affaires, soit pour réparer des pertes subies et en général toutes les fois qu'une société a besoin d'augmenter ses ressources, elle a le choix entre deux moyens qui s'offrent à elle. Le premier consiste dans l'augmentation du capital social par la création d'actions nouvelles ; le second, c'est l'emprunt. De ces deux moyens, les sociétés choisissent ordinairement le dernier et cela pour des raisons faciles à expliquer. L'augmentation, en effet, du nombre des actions, autrement dit du capital-actions, aura souvent pour effet immédiat de diminuer la part des premiers

2

actionnaires dans les dividendes, car l'emploi des nouveaux capitaux sera rarement productif, du moins pour les premières années. D'autre part, cette diminution dans la répartition des bénéfices pourra aussi être la cause d'une baisse plus ou moins sensible sur les titres de la société. Une autre raison, c'est que la sécurité qu'offrent les obligations étant plus grande, le succès de la souscription sera plus assuré.

Etant donné qu'une société aura recours à l'emprunt pour élargir ses moyens d'action, quel sera le moyen employé par elle pour le réaliser. Il est évident qu'il lui sera difficile, sinon impossible, de contracter un prêt ordinaire comme un simple particulier. Une société, personne fictive et collectivité impersonnelle, ne pourra naturellement compter ni sur l'affection du prêteur, ni sur aucune autre considération de personne ayant trait soit à l'honnêteté, soit aux talents. En outre, les capitaux considérables dont la société aura besoin, pourront rarement être fournis par quelques fortunes privées. C'est pour ces considérations et en tenant aussi compte de la nature et de la durée généralement très longue des entreprises, qu'une société, pour arriver à son but et pour réunir les sommes nécessaires, s'adresse au grand public en faisant ce qu'on appelle une émission d'obligations et en suivant, en cela, l'exemple de l'Etat et des personnes morales publiques.

La manière de procéder sera ici la même que celle qui sert pour l'émission d'actions. Par une publicité large, on fait connaître au public le montant de l'emprunt, les conditions du remboursement, le taux de l'intérêt et tous autres avantages accordés aux prêteurs, tels que primes ou lots, et dont nous parlerons plus loin. Le caractère particulier de cet emprunt *sui generis*, contracté par une société, consiste en ce que la somme totale qui fait l'objet du prêt est divisée en un grand nombre de parts égales et dont le montant, relativement peu élevé, peut être à la portée de toutes les bourses. C'est à une de ces fractions de l'emprunt total, divisé en un nombre déterminé de parts, qu'on donne le nom d'obligation.

L'obligation est donc un droit de créance ; c'est les droits qui appartiennent aux prêteurs à la suite d'un emprunt contracté par un procédé spécial et dont le caractère le plus saillant est la division du prêt en fractions égales avec, d'un côté, un emprunteur unique et, de l'autre, plusieurs prêteurs différents.

A chacun des prêteurs appelés obligataires, on délivre autant de titres qu'il a prêté des fois la somme représentant une des fractions, et c'est à ce titre, qui sert à constater les droits de prêteur et dont il est la preuve matérielle, qu'on donne ordinairement dans la pratique le nom d'obligation, de même que par action on désigne fréquemment le titre qui constate les droits de l'actionnaire.

Une autre particularité qui distingue le prêt à intérêt ordinaire de l'obligation, c'est le mode de remboursement qui se fera généralement ici par un procédé spécial appelé amortissement et qui consiste à rembourser, tous les ans, un nombre déterminé d'obligations désignées par la voie du tirage au sort et à un taux ordinairement plus élevé que celui de l'émission (obligations à prime). Ce prix payé à l'obligataire remboursé est aussi appelé prix nominal par opposition au prix réel qui a été effectivement versé par le souscripteur lors de l'émission.

Nous avons jusqu'ici parlé d'une société qui émet des obligations, mais ce procédé d'emprunt ne lui est pas spécial. Une émission d'obligations n'est aucunement liée à l'idée d'une société et tout établissement public, aussi bien que tout individu, peut emprunter de la même façon. L'Etat français le premier s'est servi de ce moyen pour se procurer l'argent dont il avait besoin et les rentes amortissables ne sont autre chose que des obligations avec cette dénomination spéciale de *rentes* qui jouit auprès du public d'une faveur particulière et légitime. La ville de Paris eut le même succès dans l'émission de ses obligations. En dehors de ces personnes morales publiques ce sont les compagnies de chemins de fer, les premières, qui em-

ployèrent, vers 1840, ce système d'emprunt pour
la réalisation de leurs vastes projets (1). L'obligation s'est donc formée sur le modèle des rentes
sur l'Etat et des actions des sociétés.

Il est à regretter qu'aucune législation ne soit
venue réglementer cette partie des valeurs mobilières, une des plus importantes dans le domaine
de la richesse publique, à l'heure actuelle. Cette
absence complète de législation sur ce point est la
cause des controverses célèbres sur toutes les questions délicates qui s'élèvent dans la pratique. Pour
toutes ces questions, très nombreuses qui ont trait
soit au chiffre d'émission soit à la forme ou au
remboursement et qui sont d'une grande importance, on se voit souvent obligé, faute de réglementation spéciale, de décider en se fondant uniquement sur les principes généraux du droit commun.

Il est donc utile avant d'aller plus loin, de
voir quelles sont les différences qui séparent l'action
de l'obligation et quelles sont les analogies qui les
rapprochent.

(1) Deloison. Traité des valeurs mobilières,

SECTION II

Différences avec les actions

Nous avons vu que l'obligation est une créance résultant d'un prêt fractionné en un grand nombre de parts ; l'obligataire est donc un prêteur, un créancier. Nous savons d'autre part que l'action est une part d'associé. De cette idée fondamentale qui distingue ces deux titres dérivent les différences suivantes :

1° De ce que l'actionnaire est un associé, l'action suppose nécessairement l'existence d'une société. L'idée d'une société au contraire n'est nullement attachée à celle d'une obligation. L'obligataire étant un prêteur et l'obligation une simple créance on comprend très bien que toute personne morale de même que tout établissement ou individu puisse emprunter de cette manière, c'est-à-dire en faisant une émission d'obligations.

2° Dans une société les obligataires sont des créanciers sociaux et par cela même ils ont comme gage tous les biens de la société débitrice qui sont ici représentés par le capital social.

De cette idée, que le capital-actions sert de gage au capital-obligations, il résulte que les obligataires ont le droit de demander aux actionnaires de parfaire leurs apports dans le cas où le fonds social serait insuffisant à les désintéresser intégralement. D'autre part les actionnaires étant associés ne viendront dans la répartition de l'actif réalisé qu'après les obligataires. Notons aussi que la personnalité morale de la société peut donner un autre avantage aux obligataires en ce sens que les créanciers personnels des actionnaires, n'étant pas des créanciers sociaux, ne viendront pas concourir avec eux dans la masse.

3° L'obligataire est un prêteur ; il a donc droit à l'intérêt stipulé dans le contrat. Cet intérêt est un revenu fixe et indépendant de la bonne ou mauvaise marche des affaires de la société. Au contraire, l'actionnaire touchera des dividendes plus ou moins gros et dont le montant dépendra des bénéfices réalisés. Le revenu de l'action est donc essentiellement variable et convient peu à un placement de père de famille et de tout repos comme on dit autour de la corbeille. C'est pourquoi l'action est la valeur par excellence de la spéculation et des bénéfices aléatoires comme les entreprises mêmes dont elles suivent le sort. Les obligations au contraire, valeurs sérieuses et de portefeuille, varient peu et lentement.

4° Les obligations étant des créances exigibles, leur remboursement est obligatoire et nécessaire. Le remboursement est d'ailleurs une conséquence du contrat de prêt à intérêt qui intervient entre la société et les obligataires.

Au contraire l'amortissement des actions est plutôt une mesure de bonne administration et de prudence et par cela même facultative. Une société peut garder les mises des actionnaires indéfiniment. Les articles 1843 et 1865 du Code Civil ne mettent aucune limite à sa durée.

D'autre part lorsque une obligation a été amortie, l'obligataire a été nécessairement complètement désintéressé puisqu'il a été totalement remboursé et n'a plus aucun droit à exercer contre la société. Il n'en est pas de même pour l'actionnaire qui a droit tant aux intérêts de sa mise dans le cas où des intérêts sont servis, qu'à sa part dans les dividendes comme associé. Dans le cas où son titre est amorti il est naturel qu'il cesse à toucher les intérêts d'un capital dont il est remboursé ; mais il ne continue pas moins à rester associé et à prétendre aux bénéfices ; ce qui est d'ailleurs juste et rationnel. C'est pourquoi on remplace le titre sorti au sort par une action dite de *jouissance* qui ne donne droit qu'aux dividendes et lors de la dissolution de la Société à la répartition du fonds social après le paiement des actionnaires non remboursés.

5° Les administrateurs ou gérants représentent les actionnaires, mais non pas les obligataires. Cette différence de situation est d'autant plus injuste pour les obligataires qu'ils sont complètement exclus de l'administration des affaires sociales, et qu'ils ne peuvent pas faire partie des assemblées générales.

Les obligataires pourtant ont les mêmes intérêts en cette qualité, et leur situation à tous est identique en face tant de la société, que des actionnaires et administrateurs. Dans la pratique on a voulu remédier à cet état de choses en réunissant les intérêts communs de tous les obligataires et en formant ainsi une représentation collective à l'exemple de la loi autrichienne du 24 avril 1874. C'est ainsi que souvent dans l'acte de souscription il est stipulé que telle personne indiquée ou à désigner à l'occasion par les obligataires pourra les représenter en qualité de mandataire et accomplir valablement les différentes formalités nécessaires pour la conservation, la protection ou la défense de leurs intérêts. Il en est ainsi par exemple pour toutes les formalités relatives à la prise d'inscription d'une hypothèque donnée par la société à ses obligataires ; ou encore pour les transactions à conclure entre ces derniers et la société débitrice en cas de faillite ou de déconfiture ; et enfin, la représentation collective est surtout nécessaire dans le cas où un procès serait engagé entre la société et ses obligataires.

Mais à propos de la représentation en justice, une difficulté s'élève dans le cas où le mandataire des obligataires devra jouer le rôle de demandeur ou de défendeur dans une instance judiciaire.

Nous savons d'après la règle de la procédure
que *nul ne plaide en France par procureur*.
La prescription de la règle sera donc impossible à
exécuter dans notre espèce ; car, en effet, comment
pourra-t-on mentionner dans tous les actes de la
procédure, les noms de tous les obligataires toujours très nombreux et souvent même inconnus
quand il s'agit d'obligations au porteur ?

Mais cette difficutté n'est insurmontable que
dans le cas d'un procès intenté au nom des obligataires contre tout autre que la société. Dans cette
dernière circonstance, c'est-à-dire quand les obligataires sont en instance avec la société débitrice
— et c'est surtout dans cette occasion que la représentation collective est utile et nécessaire —
celle-ci peut valablement reconnaître le mandataire
de ses obligataires et renoncer à se prévaloir de la
règle : nul ne plaide par procureur. Cette règle en
effet n'est pas d'ordre public ; la société peut donc
valablement s'abstenir de l'invoquer et y renoncer
soit tacitement au moment du procès en consentant
à la nomination du representant, soit expressément
dans l'acte de souscription.

Un autre moyen de défense collective pour les
obligataires est la constitution d'une société civile.
Souvent les obligataires, pour se garantir contre les
risques d'insolvabilité de la part de la société et
pour assurer le remboursement de leurs obligations, s'associent entre eux. La formation de cette

société s'effectue par la retenue sur le montant de
la souscription d'une certaine somme qui constitue
la mise des associés. C'est ainsi que le capital de
la société civile des obligataires de la Compagnie
de Panama était composé des prélèvements de
60 francs sur chaque titre. Le caractère d'une telle
société formée entre obligataires est difficile à
définir. Ne faisant aucun acte de commerce, elle
n'est pas commerciale et ne peut par conséquent
prétendre à la personnalité morale. Mais en admettant même cette personnalité avec la Cour de Cassation pour les sociétés civiles, celle-ci n'a même
pas les éléments constitutifs d'une société, conformément à l'article 1832 du Code Civil. Le but, en
effet, de cette société, n'est pas de réaliser un
bénéfice, mais d'éviter une perte ou de faire des
actes conservatoires d'une manière économique et
commode. Donc, même avec cette société civile,
les obligataires ne peuvent échapper aux inconvénients pratiques de la règle *nul ne plaide par
procureur*, la personnalité civile faisant ici défaut.

Pourtant l'existence d'une telle société entre
obligataires peut rendre des services appréciables
dans le cas où cette société s'est constituée avec
des mises prélevées sur le capital souscrit et dans
le but de reconstituer le fonds social en capitali-
sant ces mises constitutives. En effet, en cas de
faillite et de dissolution de la société débitrice, la
société civile ne continuera pas moins à fonctionner.

Elle pourra alors avec son propre capital social continuer le service de l'amortissement et des tirages.

Ajoutons que les obligataires, en adhérant à une société civile, n'abdiquent point leurs droits d'agir aussi individuellement contre la société débitrice s'ils le jugent nécessaire.

6° En comparant la souscription d'actions dans une société de commerce et celle d'obligations dans toute société on peut décider avec la majorité des auteurs que la première constitue un acte de commerce et que la dernière est un acte purement civil. L'intérêt de la question réside sur le point de savoir si l'obligataire sera ou non justiciable des tribunaux civils. Quant à l'actionnaire d'une société commerciale, nous savons que l'article 631 du Code de commerce le soumet à la compétence des tribunaux consulaires.

7° Mentionnons encore que l'actionnaire individuellement, ne peut pour aucune raison, et dans aucune société, demander la déclaration de faillite de la société. Ce droit au contraire appartient à l'obligataire comme à tout créancier ordinaire.

8° Une dernière différence entre l'action et l'obligation nous est fournie par l'absence de législation règlementant les différentes questions concernant les obligations. C'est ainsi qu'une grande liberté, souvent dangereuse, est accordée pour l'émission des obligations et pour leur conversion au porteur, quant au contraire pour ce qui a trait à l'émission et à la conversion des actions, la loi du 27 juillet 1867 a tout réglementé avec un soin jaloux. De cette différence générale découlent diverses autres différences que nous rencontrerons par la suite.

SECTION III

Analogies avec les actions

Nous venons de dire que les obligations ont une grande analogie avec les actions. Ces deux sortes de valeurs mobilières sont, en effet, les unes et les autres :

Indivisibles, c'est-à-dire que chaque action ou obligation ne peut recevoir une autre subdivision que celle qu'elle représente, soit dans le capital social soit dans la totalité de l'emprunt. Comme conséquence de cette indivisibilité, les héritiers du propriétaire d'une obligation ne pourront séparément ni demander un titre distinct pour chacun d'eux, ni forcer la société de recevoir leur part respective dans les versements à faire pour une obligation ou action non libérée. Cette règle de l'indivisibilité est devenue presque de style dans la confection des statuts des sociétés de sorte qu'elle est toujours sous-entendue dans le cas où elle serait omise.

Les obligations et les actions se ressemblent, en outre, en ce qu'elles sont identiques quant à la forme. Ainsi elles peuvent revêtir les trois formes connues : nominative, au porteur et à ordre. Mais suivant la forme adoptée elles se transmettent, comme nous le verrons plus loin, d'une manière différente. La majorité des titres sont au porteur ou nominatifs ; quant à la forme à ordre elle est très rare et peu usitée dans la pratique. Un titre est nominatif quand le nom du titulaire est porté sur le titre et inscrit sur les registres de la société. Une action ou obligation est au porteur quand au contraire aucune mention du nom n'est faite sur le titre, de sorte que le détenteur est considéré comme le propriétaire de l'action ou de l'obligation par le seul fait de la possession. Une autre différence entre la forme au porteur et la forme nominative consiste dans le remboursement du capital et dans le paiement des intérêts. Le propriétaire d'un titre nominatif, ne peut recevoir le capital devenu exigible qu'en prouvant son identité ; au contraire, le possesseur d'un titre au porteur n'a qu'à présenter son obligation ou son action pour être remboursé. Le paiement des intérêts pour les deux formes se fait également au porteur avec cette différence pourtant, que les titres au porteur sont munis de coupons détachables reçus même dans la pratique comme monnaie fiduciaire, au lieu que pour les titres nominatifs, le titre même doit être présenté pour la perception des intérêts, et mention en est faite par l'apposition d'une estampille.

Remarquons que dans toute société il y a forcément des titres nominatifs, quand il n'y en a pas toujours au porteur. Notamment pour les actions, cette dernière forme n'est permise qu'après libération de la totalité ou du quart au moins du capital. Parfois les deux formes se trouvent réunies dans le même titre, et c'est ainsi que la Ville de Paris a émis des obligations dites mixtes, dont le capital est nominal et les intérêts au porteur. C'est des titres à forme nominale munis de coupons détachables et payables au porteur

La forme primitive d'un titre n'est pas forcément immuable. Le possesseur d'une obligation au porteur peut la transformer en obligation nominative et *vice versa*. Le moyen par lequel cette opération s'effectue, s'appelle une *conversion* qu'il ne faut pas confondre avec la conversion qui consiste dans la réduction du taux de l'intérêt, dans un emprunt émis par l'Etat ou par une société. Nous en parlerons d'ailleurs longuement dans notre dernier chapitre, à propos du remboursement anticipé. Le changement de forme est toujours nécessaire pour vendre à la Bourse un titre nominatif. En effet, la forme au porteur est indispensable pour pouvoir négocier un titre par l'intermédiaire des agents de change. Cette conversion est en outre obligatoire, en sens contraire, pour les titres au porteur d'un mineur. Conformément à la loi protectrice du 27 février 1880, ces titres, doivent être convertis en titres nominatifs.

A côté de ces analogies, mentionnons aussi que ces deux titres sont soumis aux mêmes impôts, et qu'en cas de perte ou de vol de leurs titres, les actionnaires et les obligataires ont les mêmes formalités à remplir pour en empêcher la négociation. Dans le courant de notre étude nous aurons l'occasion de traiter cette question pour examiner la situation qui est faite au propriétaire dépossédé d'une obligation nominative ou au porteur.

Enfin les actions et les obligations s'éteignent de la même façon. L'amortissement, en effet, est le mode ordinaire de remboursement de ces titres; et c'est généralement par des tirages au sort qu'on y procède pour désigner les obligations ou les actions à amortir. Nous verrons dans notre chapitre de l'extinction des obligations, les difficultés qui s'élèvent dans le cas où les intérêts ont été payés après l'amortissement du titre. Ces difficultés sont les mêmes pour les actions comme pour les obligations.

SECTION IV

Différentes espèces d'obligations

Dans notre examen de l'obligation comme le résultat d'un emprunt contracté par une société au moyen d'une émission, nous n'avons considéré celle-ci que dans sa forme la plus simple. Nous avons, c'est-à-dire, supposé que la société remboursait aux obligataires, à l'échéance du terme fixé, la somme réellement versée par eux, comme il se fait en principe dans tout prêt ordinaire. Mais dans la pratique il n'en est pas ainsi. Les sociétés, pour attirer les prêteurs et pour décider les capitalistes à venir souscrire à leurs emprunts, ont imaginé d'ingénieux moyens qui tout en donnant de sérieux avantages aux obligataires ne sont pas plus onéreux pour elles-mêmes.

Quand une société émet des obligations remboursables aux prix d'émission elle fait une émission d'obligations ordinaires. Ces obligations sont très peu usitées dans la pratique et ne sont employées que pour une courte période de remboursement. Ordinairement une société contracte un emprunt pour une somme déterminée, rapportant des intérêts fixés d'avance par le contrat et remboursable dans un délai variant de 25 à 99 ans à un taux supérieur à celui de l'émission. Ainsi, par exemple, des obligations souscrites à 350 fr. sont remboursables à 500 fr. On dit alors que la société fait une émission d'obligations à primes. C'est là un des avantages accordé par la société à ses obligataires.

On peut donc définir la prime ou prime de remboursement : la différence entre la somme reçue par l'emprunteur lors de l'émission, dite taux d'émission, et le capital à rembourser, appelé aussi capital nominal.

D'autres fois la société émet des obligations remboursables au pair, c'est-à-dire au prix d'émission, mais avec des lots importants pour celles sorties les premières au tirage. C'est le second avantage offert aux souscripteurs ; bien plus important que le premier il n'est réservé qu'à un nombre très restreint d'obligataires. La société fait dans ce cas une émission d'obligations à lots.

Parfois les deux avantages prime et lot se trouvent réunis dans le même titre ; telles sont les obligations du Crédit Foncier. Mais la grande majorité des obligations sur le marché financier sont des obligations à primes ; ainsi, par exemple, toutes les obligations des Compagnies de chemins de fer, et on peut aussi dire, les rentes 3 pour cent amortissables, sont des obligations à primes.

Le remboursement des obligations à primes ou à lots se fait au moyen d'un tirage au sort d'après un tableau arrêté d'avance et qui détermine le nombre des obligations qui seront amorties tous les ans. Par ce procédé de remboursement, appelé amortissement, tout obligataire est sûr, dans un laps de temps déterminé, de toucher une somme supérieure à son versement et qui constituera pour lui un profit d'autant plus grand que son numéro sortira au sort dans les premières années du délai sur lequel se répartissent les remboursements.

Donc ce qui est incertain ici ce n'est ni le remboursement lui-même, puisque toutes les obligations doivent être amorties, ni la somme remboursable, qui est la même pour chaque obligataire ; ce qui est incertain, c'est l'époque du remboursement ; celle où la créance de l'obligataire deviendra exigible.

Voyons d'abord quel est le caractère et la nature juridique de la prime ; nous parlerons ensuite du lot.

Au point de vue de son origine la prime prit naissance en Angleterre où se pratiquait déjà l'amortissement. En France c'est les Compagnies de chemins de fer qui, les premières, vers 1842, émirent des obligations à prime. L'Etat français employa également la prime de remboursement dans les emprunts perpétuels qui, étant essentiellement rachetables, celui-ci avait intérêt à les rembourser pour amortir la dette publique.

De ce que nous avons déjà vu on peut dire que

la prime de remboursement est un supplément
d'amortissement. Le caractère pourtant essentiel
de la prime c'est qu'elle est identique pour tous
les obligataires. En effet, si ceux dont les numéros
sortent les premiers sont plus favorisés que les
autres, du moins matériellement, la somme rem—
boursée est pourtant la même pour chaque
obligation.

Après le caractère de la prime il nous reste à
examiner quelle est sa nature juridique. Rappelons
que le contrat qui intervient entre la société et les
obligataires est un prêt à intérêt. La prime qui est
ajoutée au taux d'émission ne peut naturellement
pas changer le caractère du contrat. Mais si le
contrat, même avec une prime, doit-il être considéré comme un prêt à intérêt, quelle sera en droit
la nature de la prime. Doit-on la considérer
comme faisant partie des intérêts ou faut–il la
confondre avec le capital prêté ?

Nous croyons, avec la Cour de Cassation et la
majorité des auteurs, que la prime est une accumulation d'intérêts annuels retenus et capitalisés
pour le compte des porteurs d'obligations, auxquels
ils sont payés en une seule fois en même temps
que le capital, lors du remboursement.

Pour la compréhension du mécanisme de ce
système nous ne pouvons mieux faire que de citer
une partie relative à cette théorie, des conclusions
de M. de Raynal, avocat général devant la Cour

de Cassation, dans l'affaire du chemin de fer de Graissessac à Béziers (1) : « Prenons par exemple la compagnie de Graissessac à Béziers. Elle emprunte 140 francs, elle doit en rembourser 250 ; elle ne promet qu'un intérêt de 3 pour cent sur les 250 ; ce qui constitue une intérêt de 5,35 pour cent sur le capital effectivement versé. Mais le taux légal est de 6 pour cent ; donc la Compagnie retient 0,65 pour cent sur l'intérêt qu'elle aurait dû naturellement servir. Au moyen de ces 0 fr. 65 pour cent, auxquels s'ajouteront annuellement les intérêts qu'ils peuvent produire, on constituera le fonds d'amortissement qui permettra de rembourser chaque année un certain nombre d'obligations, avec le supplément de capital promis. Comme il faut donner à ce mécanisme fécond le temps de fonctionner utilement, on ajournera à deux ans le premier tirage au sort, et on ne fera porter pendant les premières années le remboursement que sur un petit nombre d'obligations qui, chaque année, ira croissant. On prendra 69 ans pour terminer l'opération, en sorte que la moyenne du délai, pour le remboursement total, pourra être évaluée à 40 ans ; et il se produira ainsi ce résultat, infaillible comme l'arithmétique, que l'opération achevée, la Compagnie n'aura payé que l'intérêt légal, peut-être même un peu moins, et que l'augmentation de capital

---

(1) S. 1863, 1, 428. — Cass., civ., 10 août 1863. — D. 1863, 1, 349.

attribuée aux porteurs d'obligations ne sera, dans la réalité des choses, qu'une économie faite à leur profit, sans aucun sacrifice réel de la part de la Compagnie, au moyen de la différence habilement calculée entre l'intérêt qui leur a été annuellement servi et celui qu'on aurait pu leur assurer. »

Une théorie contraire, que nous repoussons, considère la prime non comme une représentation d'intérêts accumulés mais comme une fraction du capital lui-même. La prime de remboursement, d'après cette opinion, serait plutôt un accroissement naturel du capital primitif qu'une majoration artificielle de la somme prêtée. C'est dans ce sens qu'il faut interpréter l'arrêt de la Cour de Douai du 24 janvier 1873 (1) intervenu dans la liquidation de la société civile des houillères de Fiennes et d'Hardinghem et dans lequel il est dit que :

« Attendu que les obligations à prime, quelle
« que soit la solvabilité du débiteur, n'ont que
« leur valeur d'émission s'accroissant successive-
« ment en proportion des chances de rembourse-
« ment que lui donne le temps écoulé depuis la
« souscription ; que, par suite, le délai n'est point
« un simple ajournement de paiement, mais bien
« un élément de la valeur même de la créance
« dont le temps seul forme et accroît le capital. »

D'autre part, d'après la doctrine de la jurispru-

(1) D. 1874, 2, 203; S. 1873, 2, 245.

dence (théorie que nous aurons l'occasion d'exposer plus loin à propos de la discussion sur la nature juridique du contrat de souscription) qui considère le contrat passé entre la société et les obligataires comme un contrat *sui generis* participant du prêt à intérêts et du contrat aléatoire ; d'après cette jurisprudence, la prime serait une sorte de contrat accessoire d'assurance contre les risques nombreux du prêt industriel à long terme ; ou une compensation des risques résultant du prêt. Nous verrons plus loin ce que nous pensons du système de la jurisprudence.

Mentionnons enfin la théorie originale de M. E. Thaller basée sur la notion d'une société qui existerait entre les obligataires (1). La prime de remboursement, dans cette opinion, qui considère le prêteur comme un associé, serait un *bénéfice social* distribué aux obligataires. Quant à l'emprunteur il serait en même temps l'administrateur de la société des obligataires. Mais avant d'aller plus loin citons une partie de l'exposé du distingué auteur : « Au regard de l'emprunteur, la prime n'existe pas, elle est *res inter alios acta*. La société des obligataires a livré un capital de 1 million. L'emprunteur s'est engagé à le rendre par annuités. A l'amortissement s'ajoute le fardeau des intérêts. Dans ces intérêts sont comprises

(1) Annales du Droit comm., 1894, p. 65, 73 et 82.

les primes pour les obligations qui vont sortir au tirage. L'emprunteur ne le sais pas, ou n'a pas à le savoir... Maintenant, que cet argent, au lieu de se répartir entre tous les obligataires uniformément, se trouve soumis à une combinaison du sort qui en bloquera une partie sur quelques obligations seulement, c'est là une opération en sous-ordre ne participant plus de la nature du prêt. Quoique le tirage soit effectué par les soins de l'emprunteur, il agit à un titre nouveau. La dette d'emprunt est payée et bien payée, l'emprunteur change à ce moment de rôle. Il s'agit d'appliquer une clause du contrat de société formé entre les obligataires. La société a recueilli les intérêts de la somme qu'elle avait prêtée. Comment va-t-elle répartir ces intérêts entre ses membres ? Les porteurs, pour qui le sort se prononcera, verront la mise qu'ils ont faite leur rapporter plus de 6 pour cent. C'est un bénéfice social... »

Nous avons vu que la prime est payable à l'époque du remboursement; par conséquent le droit à la prime est subordonné à une modalité qu'il nous reste à définir. La jurisprudence considère cette modalité comme une condition suspensive tacite, dont l'accomplissement dépendrait : de la réalisation des tirages au sort périodiques, de l'entretien d'un fonds d'amortissement et de la durée même de l'amortissement. Quant à la doctrine, dont nous partageons l'avis, elle soutient que le droit à la prime est un droit à terme (1) En effet la prime est un droit acquis pour l'obligataire et c'est son exigibilité seulement qui est différée jusqu'au jour où l'obligation est sortie au sort, mais non pas son existence même.

Nous avons dit que les avantages accordés aux obligataires pour les attirer à souscrire un emprunt sont, la prime et les lots. Nous venons de parler de la prime, il nous reste donc à voir les lots. Ces derniers, comme la prime, peuvent être considérés comme des suppléments d'amortissement et des accessoires du contrat principal : du prêt à intérêt. C'est là les deux points de ressemblance qui exis - tent entre la prime de remboursement et le lot. Quant à la différence qui les sépare, elle consiste en ce que tous les prêteurs ont droit à la prime quant au contraire un nombre déterminé seulement, et ordinairement très restreint, profite des lots. D'autre part, de par sa nature, la prime est indé- pendante de tout tirage au sort ; au contraire l'idée d'un lot est intimément attachée à un bénéfice dû au hasard et par conséquent réalisé par la voie du sort. Cette différence fondamentale qui sépare ces deux avantages offerts aux souscripteurs n'em- pêche pas leur coexistence dans le même titre. Toutes les combinaisons sont possibles et se ren— contrent dans la pratique ; C'est ainsi qu'on voit

(1) Le Courtois, p. 27,— De l'Epine, p. 32.

des obligations à prime avec ou sans intérêts, des obligations à prime avec ou sans lots et des obligations à lots avec ou sans intérêts.

Nous pourrons répéter pour les lots ce que nous avons déjà dit pour la prime : c'est-à-dire les lots sont formés par un prélèvement fait sur les intérêts que la société a décidé de payer au capital emprunté. C'est ainsi que « sur la somme totale affectée au service annuel des intérêts, on met à part une fraction relativement peu importante, et que cette fraction, au lieu d'être distribuée également à tous les participants à titre d'intérêts, l'est inégalement, à titre de lots, aux obligations que désigne le sort » (1).

Quant au caractère des lots à l'égard des obligataires ils constituent, dit-on, un sacrifice consenti par le prêteur sur les intérêts auxquels il pouvait prétendre. Nous aimons mieux décider, en faisant une complète assimilation entre la prime et le lot, que ce dernier est également le résultat d'une capitalisation d'intérêts retenus qui, à la différence de la prime, ne profitent qu'à quelques uns.

On a prétendu que cette théorie de fractions d'intérêts retenues de la part de l'emprunteur, qui aurait pu les distribuer, supposerait le consentement du prêteur. Pour que la volonté de l'obligataire, dit-on, puisse être connue il faudrait lui donner le moyen de l'exprimer. Tel serait le cas où

(1) Paul Leroy-Beaulieu, Traité de la science des finances. Tome II p. 327.

un souscripteur aurait à choisir entre une obligation rapportant 6 pour cent et une autre ne
donnant que 4 pour cent avec droit de participer
aux lots formés par la retenue de la fraction de 2
pour cent capitalisée au profit de quelques obligataires.

Nous ne croyons pas qu'une société qui émet
des obligations à lots soit obligée de donner un droit
d'option à ses souscripteurs. L'établissement qui
emprunte, offre au public une opération telle
quelle et dont les conditions sont fixées d'avance.
L'obligataire qui souscrit librement, est donc censé
accepter toutes les clauses du contrat, et par suite
consentir à la capitalisation pour son compte d'une
partie des intérêts.

CHAPITRE II

SECTION PREMIÈRE

De la Souscription

La société qui veut emprunter, nous l'avons déjà dit, a recours à une émission d'obligations.

Par tous les moyens ordinaires de publicité : affiches, prospectus et annonces dans les journaux financiers, on fait connaître au public la date de l'émission, le nombre des obligations à souscrire, le taux d'émission, le prix de remboursement et, en général, toutes les conditions de l'emprunt comme intérêts, primes et garanties spéciales.

L'émission est donc une offre d'emprunt de la part de la société, offre qui reste en état de *pollicitatio* jusqu'au moment de l'acceptation du premier preneur qui vient verser la somme demandée par la société pour l'acquisition d'une obligation. Le contrat qui s'est formé en ce moment, entre

l'obligataire et la société, et un contrat de prêt à
intérêt.

Mais dans la pratique, une émission ne se fait
pas ordinairement de cette façon. Les sociétés ne
demandent pas, au jour de l'émission, le versement
intégral du prix de l'obligation. Une partie seulement est payée par l'obligataire avec l'engagement
de sa part de compléter le prix d'émission par des
versements échelonnés et à dates déterminées.
C'est cet engagement de parfaire la libération intégrale de l'obligation qui constitue la souscription.

La souscription se fait en pratique par l'apposition de la signature de la personne qui souscrit
à une émission sur un bulletin d'engagement,
présenté par la société, qui contient les conditions
de l'émission que l'obligataire est censé accepter. Disons tout de suite, que le procédé de la
souscription n'est pas particulier à une émission
d'obligations, et que tout a été calqué, en cette
matière, sur les actions.

On se demande à quel moment le contrat est
formé, existant. Logiquement ça devrait être au
moment de l'apposition de la signature sur le
bulletin de souscription; mais dans la pratique
l'offre faite par l'obligataire ne correspond presque
jamais à la demande de la société. Pour que le
souscripteur soit engagé par sa promesse, il faut
que cette promesse soit acceptée. La société ne
pourra accepter qu'après avoir établi le rapport

entre le nombre des demandes avec celui des obli gations disponibles. Cette opération est appelée *ré- partition* des titres. C'est donc à ce moment qu'il faut se reporter pour établir le moment de la formation du contrat de souscription. La jurispru- dence, qui est du même avis, admet que le contrat ne peut exister qu'au moment où la société a eu connaissance de la souscription de l'obligataire. En effet, ou l'émission a échoué, ou au contraire, l'emprunt a été couvert plusieurs fois. Dans l'un et l'autre cas on peut dire que le consentement n'a pas porté sur la même chose, du moins, numéri- quement. Ainsi, dans le cas d'une émission plu- sieurs fois couverte, le prêteur qui a souscrit à plusieurs obligations, fait une offre qui dépasse la demande.

Dans ce cas, la société ne pourra lui allouer, à la répartition, qu'un nombre déterminé, au prorata des titres souscrits. Il arrivera même, parfois, d'a- près un procédé généralement admis dans les émissions, qu'un souscripteur à un grand nombre de titres n'aura rien à la répartition. Le système dont nous parlons, admis en faveur des petits sous- cripteurs, consiste à garantir les souscripteurs de un à trois titres, contre les résultats de la réparti- tion. C'est l'irréductibilité de la souscription de la petite épargne contre l'accaparement des gros financiers et des spéculateurs.

Nous pouvons dire que dans le cas d'irréductibilité garantie par la société par ses prospectus et annonces, le contrat de souscription est parfait et valable au moment même de l'apposition de la signature pour le prêteur de un à trois titres; pour celui-ci, en effet, l'acceptation a été, pour ainsi dire, promise par anticipation.

On s'est demandé si le contrat de souscription est un contrat pur et simple ou sous condition tacite. C'est-à-dire le souscripteur reste-t-il, en toute éventualité, engagé envers la société par sa promesse de prêt, ou entend-il dépendre son adhésion de la souscription de la totalité des obligations émises. Il est certain que dans une souscription d'actions le contrat de souscription ne lie les parties que par la souscription totale du capital social d'après l'article 1er de la loi du 24 juillet 1867. Mais la loi ne prévoit pas le cas pour les obligations. On devra donc décider, d'après les principes généraux du droit commun, et rechercher quel était le but du souscripteur et l'intention des parties. La question ne se présentera naturellement que si la société, dans ses prospectus, n'aura pas prévu le cas où l'émission ne serait pas entière·men souscrite. Toutes les fois que cette question se présentera devant les tribunaux, les auteurs prétendent que les juges devront surtout se rapporter à l'intention des parties contractantes pour décider si la souscription doit être maintenue telle quelle ou si l'obligataire peut demander la restitution des sommes versées (1).

Ainsi si la société, avec les capitaux souscrits, peut réaliser ses projets, on peut dire que le but a été atteint et, par conséquent, le prêteur doit exécuter sa promesse et parfaire les versements. Si, au contraire, une Compagnie industrielle, ayant besoin d'un million pour mener à bien ses affaires, n'a pu, par la souscription, réaliser que la moitié du capital nécessaire, dans ce cas on peut soutenir que l'obligataire a entendu dépendre son engagement de la souscription totale de l'emprunt.

Théoriquement, pourtant, une condition ne peut être sous-entendue dans un contrat, quand au moment de sa formation, rien ne fait supposer que cette éventualité était prévue par les parties. D'ailleurs, avec le système d'une condition résolutoire sous entendue dans l'engagement du souscripteur, ce serait rendre l'obligataire arbitre et appréciateur du but poursuivi par la société et coïntéressé dans l'emploi des sommes empruntées. Nous ne croyons pas que ce soit là, le rôle d'un obligataire, simple prêteur.

---

(1) Vavasseur, Traité des Sociétés, p. 242, n° 553.

SECTION II

Différents procédés d'Émission

Les sociétés, pour émettre des obligations, emploient des procédés qui varient suivant le crédit dont elles jouissent, leur prospérité commerciale et leurs antécédents financiers. Citons comme le plus important, le procédé qui a été employé par l'Etat pour l'émission des rentes amortissables qui ne sont, comme nous avons déjà eu l'occasion de le dire, que des obligations ordinaires. Ce procédé consiste dans un appel direct au public. L'établissement qui l'emploie fait lui même toute la publicité nécessaire et convie à ses bureaux les souscripteurs.

On comprend qu'un tel procédé ne peut être employé que par des sociétés puissantes et jouissant d'une grande confiance de la part du public. C'est ainsi qu'il est employé avec succès par les grandes compagnies de chemins de fer. L'avantage de cette souscription publique et directe, c'est de pouvoir se dispenser de tout intermédiaire et par conséquent profiter de la commission à payer, qui est ordinairement très forte.

Par contre, l'inconvénient de ce procédé, c'est que la société qui procède à l'émission, pour ne pas essuyer un échec et pour que son emprunt soit totalement couvert, se voit souvent obligée de fixer très bas le taux d'émission.

Un second procédé, qui est plus généralement employé par les sociétés, est celui de l'émission par l'intermédiaire d'un banquier ou d'un syndicat de banquiers. Ici le seul souscripteur c'est le banquier qui prend à forfait l'émission et qui se charge d'en faire le placement. Par ce moyen, la société évite les chances d'une émission et touche immédiatement le prix total des obligations ainsi émises. Il est inutile d'ajouter que le profit du banquier consiste dans la différence entre le taux d'émission et le prix d'achat. Cette opération licite en elle-même devient souvent l'occasion de manœuvres désastreuses pour la petite épargne qui se trouve en définitive sacrifiée. C'est ainsi que le syndicat acheteur, par un accaparement momentané, produit sur le marché de la Bourse une hausse factice sur les valeurs à écouler. Le public trompé achète les titres, croyant faire un bon placement. Malheureusement le résultat de cette spéculation, devenue classique, ne tarde pas à se manifester par une baisse continue dès que le syndicat, qui soutenait les prix, se désintéresse des valeurs.

Après ces deux procédés, disons un mot d'un troisième système employé spécialement par les compagnies de chemins de fer pour l'émission périodique de leurs obligations et appelé système du *robinet*.

Par ce procédé, la compagnie de chemins de fer vend elle-même à ses bureaux ou sur le marché financier, un nombre de titres relativement minime par rapport au nombre d'obligations en circulation ; et cela pour ne pas influ ncer le cours. Le nombre des titres mis à la disposition du public est fixé d'après les besoins pécuniaires de la société ; quant au prix de la vente, il est ici établi par le cours officiel de la Bourse. Par ce moyen, la compagnie a l'avantage de profiter de la hausse de ses titres et de toucher, d'autre part, le prix entier, versé par l'acheteur ; ce procédé en effet supprime tout intermédiaire entre l'émetteur et le premier preneur.

———

Les sociétés en procédant à une émission d'obligations sont libres d'adopter le moyen qu'il leur convient et ne sont soumises à aucune réglementation quand à cette émission. En effet les dispositions relatives à l'émission d'actions, de la loi du 24 juillet 1877 sur les sociétés par actions et de la loi nouvelle du 1er Août 1893 ne peuvent s'appliquer par analogie à une émission d'obligations. Le législateur, malheureusement, a laissé aux sociétés la plus grande liberté en matière d'émission d'obligations. On est donc forcé d'appliquer dans cette matière, faute d'organisation spéciale, les règles de droit commun et les principes généraux.

C'est ainsi qu'une émission d'obligations est valable sans qu'il soit nécessaire que la totalité de l'emprunt soit intégralement souscrite. De même la société est libre de fixer le montant de la valeur de l'obligation et la quotité du premier versement. Egalement aucune condition de libération n'est exigée pour la conversion des obligations en titres au porteur. D'ailleurs les obligations peuvent être émises au porteur dès l'origine. Mais la liberté la plus dangereuse pour les souscripteurs et dont souvent les sociétés abusent, est celle qui permet à celles-ci de faire autant d'émissions d'obligations qu'elles veulent. La loi française en effet n'a pas établi, comme plusieurs lois étrangères, une proportion entre le capital-obligations et le capital-actions.

Cette liberté grande dans l'émission des obligations a été la cause de grands abus de la part des sociétés, constituées souvent sur un capital fictif ou uniquement composé d'actions représentatives d'un apport en nature. Ces sociétés émettaient des obligations pour des sommes dépassant de beaucoup leur capital-actions qui, dans ces conditions, était toujours minime ou souvent nul.

Pourtant, pour certaines sociétés qui font partie du domaine public ou qui relèvent de la surveillance de l'Etat. le législateur a pris des mesures pour limiter leur faculté d'émettre indéfiniment des obligations. Nous faisons allusion aux compagnies

de chemins de fer dont les obligations sont soumises à des règles spéciales et que nous avons
laissées en dehors du cadre de notre étude.

SECTION III

Nature juridique de la souscription

Voyons maintenant qu'elle est la nature juridique du contrat de souscription. L'obligataire, au
moment de la souscription, contracte un engagement et acquiert des droits contre la société. D'après
une opinion généralement admise par la majorité
des auteurs et que nous partageons, le contrat qui
se forme est synallagmatique et c'est une promesse
de prêt.

Citons une opinion qui voit dans la souscription,
à cause du premier versement, deux contrats
unilatéraux distincts et successifs : le prêt à intérêts, dans la mesure du premier versement ; et une
promesse de prêt, pour le complément du prix à
effectuer par fractions (1).

Quand à la jurisprudence, considérant la nature
du contrat passé entre l'obligataire et la société,
elle voit en lui un contrat *sui generis* participant
à la fois du prêt à intérêt et d'un contrat aléatoire.

(1) L. Ullmann. Oblig. à primes, p. 23.

I

La question a de l'intérêt, en présence de la loi du 3 septembre 1807 sur la limitation du taux de l'intérêt conventionnel en matière de prêt d'argent. En effet, si le prêt dans une émission d'obligations est aléatoire d'après la théorie de la jurisprudence, les obligations à primes et à lots n'ont rien à craindre de cette loi ; nous savons que les contrats aléatoires échappent aux lois restrictives du taux de l'intérêt ; tels sont, par exemple, le contrat du prêt à la grosse et celui de la rente viagère. Si, au contraire, nous décidons que le prêt qui nous occupe n'a pas le caractère aléatoire, les obligations à primes et à lots doivent être considérées comme usuraires, toutes les fois qu'elles dépassent le taux légal.

La question pratique de savoir si la prime et le lot ne contreviennent pas aux dispositions de la loi de 1807 a été considérablement limitée d'une part, par la loi du 12 janvier 1886, qui proclame la liberté du taux de l'intérêt en matière commerciale ; et d'autre part par la loi récente du 1er août 1893, qui attribue le caractère commercial à certaines sociétés anonymes ou en commandite par actions. Pourtant, la question de la légalité des primes et des lots reste toujours entière en face de la loi de 1807, tant pour les obligations émises par toute société commerciale avant la promulgation de la loi de 1886, que pour celles émises, à toute époque, par les sociétés civiles.

Nous venons de dire que la jurisprudence considère une émission d'obligations à primes et à lots comme un emprunt aléatoire. Pour décider ainsi, cette jurisprudence prend en considération le long délai sur lequel le remboursement est réparti, l'emploi du tirage au sort pour la désignation des titres à rembourser, et enfin les risques que le prêteur court dans un emprunt industriel d'une si longue durée.

Nous n'admettons pas cette manière de voir de la jurisprudence. Sa théorie est fondée sur une conception erronée de l'aléa, au point de vue juridique. L'aléa, en effet, est un événement futur et incertain qui, en se réalisant, entraîne l'*extinction* de la créance même. Reste donc à savoir d'après ce principe si le prêt dans lequel les obligataires courent des grands risques d'insolvabilité peut être qualifié d'aléatoire. Nous ne le croyons pas. Les obligataires, même en face d'une société en faillite, ne perdent pas leur créance envers elle ; si l'exercice de cette créance devient impossible, son existence n'en demeure pas moins entière. D'ailleurs, en admettant le système de la jurisprudence, on se demande quel sera le critérium qui nous donnera la mesure exacte des risques, qui permettrons d'écarter l'application de la loi de

1807. Voici d'ailleurs, d'après cette jurisprudence, les motifs d'un jugement rendu par le Tribunal de commerce de Boulogne, et rapporté dans l'arrêt de la cour de Douai du 24 janvier 1873, dans une affaire où le taux de l'intérêt atteint la limite de 6 pour cent (nous nous plaçons avant la loi de 1886), avec une prime par surcroît de 250 fr. La prime de remboursement y est considérée comme la compensation des risques résultant du prêt.

« Attendu, qu'effectivement la loi du 3 septembre « 1807, qui régit les prêts purs et simples, ne « saurait être appliquée aux prêts compliqués de « chances aléatoires ; que ces derniers prêts sont « laissés à l'entière liberté des conventions, et que « des avantages supérieurs à l'intérêt légal peu- « vent y être stipulés pour compenser les risques « courus.

« Attendu qu'il est impossible de méconnaître « les chances aléatoires attachées à tout prêt « industriel à long terme, et que, dans l'espèce, « la prime convenue indépendamment de l'intérêt « était précisément pour le prêteur la compensation « des risques résultant soit des fluctuations du « marché des valeurs, soit de l'époque incertaine « du remboursement, soit de la dépréciation pos- « sible des valeurs monétaires à la dite époque, « soit des éventualités d'insuccès des affaires de la « société.

« Attendu que la prime pouvait donc être vala-

« blement stipulée et que la convention qui en a
« fait la condition du prêt est devenue la loi des
« parties (1). »

D'après cette opinion la prime serait donc une
sorte de contrat accessoire d'assurance contre les
risques nombreux du prêt industriel à long terme.

Cette théorie est aussi celle des économistes qui
voient dans l'intérêt de l'argent une indemnité
payée au prêteur pour l'indisponibilité du capital
et une prime d'assurance pour les risques courus
par le créancier.

On a encore fait remarquer que la loi de 1807
devait être écartée « par ce que les motifs de cette
« loi d'exception sont ici remplacés par des motifs
« contraires et que l'emprunt par souscription
« publique n'entrait nullement dans les prévisions
« du législateur de cette époque (2). »

C'est l'argument d'interprétation fondé sur cette
raison que les motifs qui ont dicté au législateur
les lois usuraires protectrices de l'emprunteur
contre le prêteur cupide n'existent pas ici et que
par conséquent : *cessante legis ratione cessat
lex*. On a même ajouté que, dans les conditions
ordinaires où se font les émissions d'obligations, les
rôles sont plutôt renversés, et que celui qui pourrait réclamer dans notre cas la protection de la loi,
ce n'est plus l'emprunteur qui dicte ses conditions,

(1). C. de Douai. 24 janvier 1873. S. 73. 2. 244.
(2) Le Courtois. p. 11 et 17.

mais bien le prêteur lui-même, c'est-à-dire l'obligataire.

D'autre part, la jurisprudence, en se plaçant au
point de vue pratique, cherche à légitimer la prime
et le lot par des considérations ayant trait à la
tolérance de la part des pouvoirs publics, et aux
usages entrés dans les mœurs financières. Mais,
toutes ces considérations n'ont rien de juridique.

« Attendu, dit le même Tribunal, quant à la
« prime, que les emprunts à primes ou à lots
« offrant aux prêteurs des avantages supérieurs
« aux taux légal de l'intérêt, se font usuellement
« au grand jour de la publicité, sans empêchement
« de la part des pouvoirs publics ; qu'ils sont entrés
« dans la pratique du crédit et dans les mœurs
« financières, et qu'il est, dès lors, difficile de sup-
« poser qu'ils soient prohibés par la loi ».

S'il est juste de prendre en considération que
la stipulation d'une prime est un usage financier
entré dans les mœurs économiques, par la voie
coutumière, et qu'elle procède d'une convention
librement consentie entre les parties, il n'en est
pas moins vrai que la loi de 1807 est existante et
qu'il faudrait une autre loi toutes les fois qu'on
voudrait y déroger.

De même, dirons-nous, les circonstances dans
lesquelles se fait une émission d'obligations à
prime, la nature des conventions qui l'accompagnent et le grand jour de la publicité qui la précè-

dent, ne sont pas, à notre sens, des arguments
assez forts pour les soustraire aux dispositions
restrictives de la loi.

Si nous repoussons la théorie de la jurisprudence, fondée sur l'idée d'une convention aléatoire,
nous n'entendons pas, par cela même, condamner
les obligations à prime et à lot comme usuraires.
Nous croyons, au contraire, d'accord avec la jurisprudence, que la loi de 1807, souvent, doit être
écartée ; mais nos arguments ne sont pas les
mêmes. Selon nous, pour savoir si, dans une émission d'obligations à prime, la rémunération dépasse le taux légal de l'intérêt, il ne faut pas se
placer uniquement du côté du prêteur, c'est-à-
dire de l'obligataire. La loi de 1807 a voulu protéger l'emprunteur ; on doit donc, surtout, rechercher ce que la société paie, en définitive, pour
le capital emprunté. Une émission d'obligations à
primes est une opération d'ensemble et d'un caractère particulier.

C'est donc sur l'ensemble du taux servi qu'il
faut se baser, pour juger si la totalité des charges
supportées par la société dépassent le taux légal.
Nous savons que la prime et le lot sont formés par
la capitalisation d'une partie des intérêts retenus
par la société S'il est vrai que certains obligataires ont touché des primes, qui représentent,
pour eux, des intérêts dépassant de beaucoup le
taux permis, cela tient au mécanisme même de la

formation de la prime, combiné avec celui de l'a-
mortissement.

Le profit des premiers remboursés est com-
pensé par la perte des derniers amortis, qui reçoi-
vent moins que le taux légal. En résumé, les
sociétés, dans la pratique, ne paient que l'intérêt
légal pour l'ensemble de l'emprunt, souvent même
moins. Mais, conformément à notre principe, nous
considérons l'emprunt comme usuraire toutes les
fois que « l'écart entre le taux d'émission et le
capital nominal est tel qu'en réunissant les primes
et les lots au montant de l'intérêt, la société sup-
porte, pour la totalité de l'emprunt, une charge
dépassant le taux maximum de l'intérêt du capital
versé (1) ».

II

Une autre question se pose concernant la légalité des émissions à primes et à lots en présence de
la loi du 21 mai 1836. Les articles 1er et 2e de cette
loi, prohibent, en effet, les loteries et on se demande si la prime et le lot ne contreviennent pas à
leurs dispositions. La question a une grande importance pratique en ce sens que si la loi de 1836 est
applicable, une autorisation législative sera tou-

(1) Lyon, Caen et Renault, Tome II, p. 379.

jours nécessaire pour procéder à une émission d'obligations à primes ou à lots. Nous allons donc examiner la question. Les deux premiers articles de cette loi sont ainsi concus :

Article Premier. « Les loteries de toute espèce « sont prohibées. »

Art. 2. « Sont réputées loteries et interdites « comme telles : les ventes d'immeubles, de meu- « bles ou de marchandises effectuées par la voie « du sort, ou auxquelles auraient été réunies des « primes ou autres bénéfices dus au hasard, et « généralement toutes opérations offertes au pu- « blic pour faire naître l'espérance d'un gain qui « serait acquit par la voie du sort. »

Ici, il nous faudra distinguer entre la prime et le lot. Et d'abord quant aux obligations à lots, la majorité des auteurs est d'accord avec la jurisprudence pour reconnaître qu'on doit y appliquer la loi de 1836 qui dans les termes les plus généraux interdit les loteries. (1)

Pourtant des auteurs ont prétendu que les obligations à lots échappaient à l'application de la loi prohibitive de 1836. L'article premier, disent-ils, interdit les loteries ; mais ce qu'on entend par ce terme, c'est l'opération qui contient : une chance de gros bénéfices moyennant une faible mise, l'éventualité de la perte totale de cette mise, et l'at-

(1) Deloison, Traité des sociétés, T. I, p. 352. — Vavasseur, Traité des sociétés. T. I, p. 324. — De Folleville, 2me édit.. no 223 et 224.

tribution à quelques-uns seulement d'un bénéfice composé des mises des autres. Les obligations à lots n'ayant aucun de ces caractères, elles ne doivent pas, par conséquent, tomber sous le coup de l'article premier de la loi. De même, d'après cette opinion, le final de l'article 2 : « toutes opérations « offertes au public *pour faire naître* l'espérance « d'un gain qui serait acquis par la voie du sort » ne doit pas être appliqué à un emprunt d'obligations à lots, car cette formule « signifie que l'on « doit assimiler aux loteries les opérations dont « l'objet, dont le *but* est de faire naître l'espérance « d'un gain qui serait acquit par la voie du sort ; « que l'on ne doit pas confondre avec les loteries, « les opérations qui, ayant un but, un objet légal, « admettent seulement comme accessoires des « chances de gain déterminées par la voie du « sort. » (1)

C'est-à-dire, d'après cette théorie, pour qu'il y ait loterie, il faut que le lot soit le principal et non l'accessoire, comme dans une obligation à lots qui est surtout un placement sérieux et de père de famille. Il faut en d'autres termes « que l'opération ait été conçue pour cela et non pour autre chose. » (2)

Pour répondre aux jurisconsultes qui défendent cette doctrine, nous ferons remarquer que l'art. 1er

(1) Duvergier, Coll. not. sous loi 1836, p. 79.
(2) Gaz. des Trib, 14 et 15 mars 1870. Consultation du barreau de Paris.

de la loi de 1836 parle de loteries de *toutes espèces*, terme qui comprend tant les loteries interdites par le Code pénal, que celles postérieures à ce Code et non prévues par lui. D'autre part, si les obligations à lots ne rentrent pas dans l'énumération et la for-- mule générale de l'art. 2, il n'en est pas moins vrai que l'esprit de la loi comprend implicitement toutes les opérations « principales ou accessoires » qui ont le sort pour instrument et qu'elle a eu précisément pour but principal de prohiber. Une émission d'obligations à lots est donc, selon nous, une opération interdite par la loi de 1836, car l'élément de la loterie annexé à l'emprunt prin- cipal, vicie toute l'opération, soit que les lots soient constitués par des retenues subies par les obliga- taires : ce qui constitue une loterie pure, où les mises de tous les obligataires joueurs sont défini- tivement perdues au profit des gagnants ; soit qu'ils soient les numéros d'une loterie offerte gratuite-- ment par l'emprunteur comme supplément de rémunération. Cette dernière opération, différente de la première, en ce qu'il n'y a pas de mises, n'en est pas moins de nature à faire naître un gain, acquis par la voie du sort, donc prohibée par l'art. 2 de la loi de 1836.

Nous concluons en décidant qu'une autorisation législative est toujours nécessaire pour toute émis- sion d'obligations à lots.

Doit–on appliquer la loi de 1836 aux obligations

à primes ? Deux opinions sont ici en présence. La première soutient que les obligations à primes ne tombent pas sous le coup de la loi de 1836; la seconde, au contraire, prétend les soumettre à cette loi. Les partisans de cette dernière opinion mettent tous en avant l'inégalité qui est faite aux obligataires par les tirages de remboursement. C'est ainsi, disent-ils, que les obligataires remboursés dans les premières années jouiront des intérêts de la prime pendant tout le long délai de l'amortissement quand ceux remboursés parmi les derniers ne toucheront même pas, à partir d'une certaine année, la capitalisation intégrale de leurs intérêts retenus. On voit bien l'inégalité entre le premier et le dernier obligataire remboursé. Mais on peut dire que cette inégalité n'est qu'apparente et que le gain prohibé par la loi de 1836 n'existe pas ici en réalité. En effet, si un profit peut résulter, pour le premier remboursé, de l'emploi qu'il fera *proprio motu* de son capital restitué, on doit avouer que ce profit, conséquence de l'activité ou de la capacité personnelle de l'obligataire, n'est pas un gain dans le sens de l'article 2 de la loi de 1836 et n'a pas pour cause unique le tirage au sort. « Le législateur de 1836 n'a voulu réprimer que la chance d'obtenir ou non, selon le hasard, un bénéfice réel, consistant en une somme payable en écus sonnants ou autre valeur tangible. Le

tirage au sort attribue alors un bénéfice, un émolument refusé à celui que le sort ne désigne pas.
Quand le sort fixe seulement l'époque du paiement d'une somme due également à tous les souscripteurs, si l'un aura plus que l'autre, c'est à la
condition d'utiliser la somme touchée ; il tiendra
le bénéfice de ses efforts, de son activité, et non
pas directement du sort ; il aura reçu du hasard,
par l'anticipation du paiement, plus une occasion
d'un bénéfice possible qu'un émolument réel (1). »

Un second argument invoqué contre la légalité
des obligations à primes et ayant comme fonde-
ment la théorie des retenues pour la composition
des primes, est celui tiré de la situation qui est
faite aux obligataires dont les titres sont remboursés les derniers. Nous verrons, en effet, que
dans le mécanisme de l'amortissement les derniers sortis au sort ont, à partir d'une certaine
année, moins que l'équivalent des retenues dont
la prime représente la capitalisation. D'autre
part, les premiers remboursés, d'après le même
système, trouvent dans la prime, non seulement
la capitalisation des intérêts retenus par l'emprunteur, mais, en plus, une somme qui est un bénéfice pour eux. C'est la perte subie par les derniers
amortis qui vient profiter aux premiers favorisés
par le sort. Il aurait été autrement impossible à

(1) Labbé, Note, S. 83, 1, 233 ; J. P. 83, 1, 549.

une société de servir à tous les obligataires la
même prime.

Avec la grande majorité des auteurs nous
sommes d'avis qu'une émission d'obligations à
primes est une opération en dehors de la portée de
la loi prohibitive des loteries de 1836 et, par conséquent, licite. Donc, aucune autorisation législative
ne sera nécessaire, comme pour une émission
d'obligations à lots, à une condition pourtant : il
faut que les obligations rapportent un intérêt
annuel. Dans le cas contraire, si aucun intérêt
n'est servi aux obligataires, nous adhérons à
l'opinion de la Cour de Paris qui, dans un arrêt du
25 mars 1870 (1) déclara loterie prohibée l'émission d'obligations à 25 francs, remboursables à
150 francs en soixante ans.

Quant au point de vue du danger social que
peuvent présenter ces opérations financières, les
différences sont grandes entre le lot et la prime ;
« L'émission d'obligations à primes n'a pas les
inconvénients moraux que présente la loterie en
surexcitant le désir du gain et en procurant la
richesse sans travail. En fait, du reste, la prime
n'a qu'une importance restreinte, elle ne constitue
jamais, comme le lot, une fortune pour celui auquel elle échoit (2). »

Dans le même sens, citons aussi les motifs d'un

(1) S. 1870, 2. 313.
(2) Lyon-Caen et Renault, Traité. t. II, p. 380.

arrêt de la Cour de Cassation rendu en 1876 :
« Attendu .. que les emprunts de cette nature (les
« emprunts à lots) ne sauraient être assimilés aux
« obligations émises par les Compagnies de che-
« mins de fer ; que les lots, dans le premier cas,
« ne sont acquis qu'à un certain nombre d'obliga-
« tions dont les numéros sont désignés par le sort,
« tandis que, dans le deuxième, la prime de
« remboursement est acquise, sans distinction,
« à tous les prêteurs dès qu'ils ont versé le mon-
« tant de leurs prêts, et que, pour ceux-ci, le sort
« n'intervient qu'à l'effet de déterminer l'époque
« du remboursement des obligations ; — que les
« emprunts des chemins de fer ne peuvent, dès
« lors, être considérés comme assimilables aux
« loteries prohibées, parce que la loi n'interdit que
« les opérations où la voie du sort est la condition
« de l'acquisition du gain et non celles où, le gain
« étant déjà acquis, le sort ne doit que fixer le
« terme où il sera payé (1). »

SECTION IV

Négociation des Obligations à lots

La faveur dont jouissent les valeurs à lots, surtout auprès des petits capitalistes et des gens de
condition modeste, a fait naître dans la pratique
toute une industrie, exercée spécialement par les

(1) D. 1876. 1, 185 ; S. 1876, 1, 433.

changeurs et les banquiers ; industrie lucrative
s'il en fut et dont l'objet consiste à faire participer
les petites bourses aux tirages des obligations à
lots autorisées.

Les combinaisons ingénieuses de ces industriels
sont, la plupart, au fond, quant à nous, immorales
et contraires à l'esprit sinon à la lettre des lois
prohibitives du jeu et des loteries et spécialement
à l'intention du législateur de 1836. Il est donc
intéressant d'examiner la légalité de ces combinaisons nouvelles et de les discuter au point
de vue juridique.

Une des premières combinaisons de ce genre
consistait dans le fractionnement des valeurs à lots
soit sous la forme d'une *sous-loterie* soit en *coupures non autorisées.*

Dans la sous-loterie on détachait les chances du
tirage au sort, des autres droits attachés au titre,
tels que remboursement et intérêts, et on divisait
encore ces chances par dixième ou vingtième, de
façon à mettre ces fractions à la portée de la plus
petite épargne. Cette opération, condamnée par la
jurisprudence et la majorité des auteurs, contre-
vient manifestement à l'intention du législateur de
1863, en ce que la loterie n'est pas ici l'accessoire
d'un emprunt ; raison principale pour laquelle
l'autorisation a été donnée. Ce qui constitue dans
le cas qui nous occupe le caractère prohibitif
d'une loterie, c'est d'abord le prix minime de la

fraction, la perte totale de la mise pour le titulaire
dont le numéro n'était pas sorti au tirage, et surtout la séparation arbitraire de la chance de lots,
du droit aux intérêts et au remboursement. En général toutes les fois que des valeurs à lots, dûment
autorisées, font l'objet d'opérations offertes au
public, ces opérations doivent être considérées
comme contrevenant à l'art. 2 de la loi de 1836 si
les conditions essentielles de l'émission ne sont
pas respectées. « Etablir une loterie, disent les
auteurs, ce n'est pas seulement créer une loterie
nouvelle, c'est aussi offrir au public la possibilité
de prendre part à une loterie préexistante, mais
après en avoir modifié les conditions. Aussi, a-t-il
été justement admis qu'il y a organisation d'une
loterie non autorisée, quand les chances de lots
sont séparées du droit aux intérêts définitivement,
ou pendant un certain temps, ou quand des avantages spéciaux sont ajoutés par le vendeur aux
chances de gains inhérentes aux obligations » (1).

C'est d'après les mêmes principes que nous condamnons également la combinaison qui consistait
à fractionner les obligations à lots en coupures
non autorisées. Par ce procédé, il est vrai, l'unité du
titre était respectée en ce que les intérêts et le
remboursement n'étaient pas détachés du droit aux
tirages. Mais la violation à la loi de 1836 n'était
pas moins certaine, consistant dans l'abaissement

(1) Lyon-Caen et Renault, Traité. p. 383,

tant de la valeur du titre et des intérêts que du montant des lots et du remboursement.

Dans cette combinaison, parue en 1865 et condamnée par la jurisprudence, le banquier émettait des certificats représentatifs du dixième ou vingtième d'une obligation autorisée. Par ce fait, le banquier substituait sa garantie personnelle à la solvabilité et au crédit de l'établissement émetteur, deux considérations qui ont été une des causes de l'autorisation accordée par la loi pour l'émission des valeurs à lots. Les garanties données aux preneurs n'étaient donc plus les mêmes et une des conditions essentielles de la loi se trouvait ainsi modifiée.

Une autre combinaison, relativement récente, est celle de la *vente à tempérament*. Cette vente pourtant n'est pas spéciale aux valeurs à lots ; elle est une espèce de vente à crédit avec cette différence que, dans la vente à tempérament, le prix est fractionné en un nombre déterminé de portions payables à des échéances échelonnées dans un certain délai. La première application de ce système à la négociation des valeurs à lots apparut vers 1880. Les banquiers qui l'imaginèrent réalisèrent, paraît-il, des bénéfices énormes. Cela s'explique quand on pense que les obligations à lots étaient offertes au public avec une majoration de 50 à 75 pour cent sur le prix de la Bourse. L'opération consiste à rendre l'acheteur propriétaire du titre après un premier versement fait par lui avec l'engagement de payer le reste du prix par mensualités minimes, à des échéances déterminées.

Le banquier vendeur, conserve la possession du titre en garantie des paiements futurs, mais remet à l'acheteur le numéro de ce titre. C'est ce qu'on appelle en pratique faire l'application du numéro. C'est ainsi que l'acheteur, dans la vente à tempérament, participe aux tirages des lots attachés au titre avant même de l'avoir payé en totalité. C'est là, d'ailleurs, le plus grand avantage pour l'acheteur dans cette combinaison.

Quel est le caractère de cette vente au point de vue légal ? On a prétendu, à cause du fractionnement du prix, que cette opération contrevenait aux dispositions de la loi de 1836 en modifiant le prix que la loi d'autorisation avait fixé et en permettant ainsi le petit capitaliste de concourir aux tirages des lots, sans pour cela débourser la somme plus ou moins importante que le législateur avait mise comme condition à son autorisation. Actuellement la jurisprudence, d'accord avec la doctrine, est constante pour déclarer la vente à tempérament parfaitement licite.

Le fractionnement, dit-on, ne portant que sur le prix et non sur la valeur du titre ne touche à aucune condition essentielle. Que, d'autre part, « aucune loi ne prohibe la vente à terme, et au prix convenu entre les parties, des valeurs à lots dont l'émission a é'é autorisée ; que, moins que

toute autre loi, celle de 1836 ne contient de prohi-
bition de ce genre ; que cette loi, dont la sanction
est dans l'article 410 du Code pénal, ne permet pas
que, par induction et sous prétexte d'analogie, on
donne la moindre extension à leur texte, parce
qu'en matière criminelle il est de principe que tout
est de droit étroit ; que toutes les transactions qui
ne sont pas contraires à la loi et aux bonnes mœurs
font la loi des parties et doivent être respectées (1). »

Les partisans de la vente à tempérament voient
même dans cette opération une incitation à l'épargne en permettant aux gens de salaire de devenir
propriétaires d'un capital par un moyen facile et à
leur portée.

Pour ce qui est de la majoration du prix du titre
qui fait l'objet de la vente à tempérament par
rapport au cours officiel de la Bourse, on a soutenu
que cette augmentation était illicite. Les obligations, dit-on, ayant une valeur réelle et appréciable en argent, la convention des parties ne doit
pas pouvoir contrevenir aux règles qui déterminent
leur prix officiellement. Nous répondrons à cette
opinion que s'il est vrai de dire qu'il y a un prix
déterminé et un cours officiel pour les opérations
faites en Bourse, par l'intermédiaire des agents de
change, ce prix n'est nullement obligatoire pour
les négociations des valeurs faites entre parti-

_____

(1) Nancy, 1881, 11 novembre. S. 83. 1. 233.

culiers. D'ailleurs ce cours même est très variable et soumis aux fluctuations de la spéculation. Pourquoi ne pas admettre plutôt qu'une obligation à lots est une marchandise comme une autre, subissant la loi régulatrice de l'offre et de la demande et soumise à toutes les règles du commerce.

Si, pour moi, acheteur, disposant mensuellement d'une petite somme il est possible de me rendre propriétaire d'une obligation à lots en payant ce titre, même 50 pour cent plus cher que sa valeur commerciale, l'avantage que je retire par la possesion d'un capital, ou que je pense pouvoir retirer par le gain d'un lot, représente assez la différence entre le prix payé par moi dans une vente à tempérament et celui payé par l'acheteur au comptant. « Je sais bien, dit M. Labbé, que je pourrais « acheter pour 108 francs le même titre ; je lis « cela dans mon journal. Mais il me faudrait « débourser une somme de 108 francs. Je ne l'ai « pas ; j'espère pouvoir économiser 5 francs par « mois. Je sais par expérience qu'on paie plus « cher ce dont on ne peut pas payer le prix comp- « tant. Avoir un titre, que l'on dit un bon place- « ment, avec la chance d'un lot, moyennant 185 fr., « me paraît meilleur que de ne l'avoir pas à « 108 francs (1) ».

Contre l'objection tirée de la majoration du prix, ajoutons que cette différence peut être encore

(1) Labbé, note. S. 83. 1, 236

considérée comme la représentation, pour le banquier vendeur, des intérêts du capital qu'il est forcé d'immobiliser, des risques qu'il coure dans ce genre d'opération, et enfin de la commission que celui-ci est toujours libre de fixer au taux qu'il lui plaira, pour ses services rendus à l'acheteur.

Nous concluons que la vente à tempérament des valeurs à lots est une opération licite toutes les fois qu'elle est contractée d'une façon sincère et sérieuse et sous les conditions suivantes. Le vendeur après le premier versement doit rendre l'acheteur propriétaire du titre par la désignation du numéro. Les intérêts doivent profiter à l'acheteur de même que les risques de la perte du titre, d'autre part, sont à son compte. Le banquier détenteur du titre ne doit pas, en outre, se défaire de sa possession. En résumé, pour que la vente à tempérament soit licite, l'unité du titre doit être respectée, car cette unité constitue une des conditions essentielles de l'autorisation. Dans la pratique diverses clauses ajoutées à la vente, ainsi entendue, sont venues altérer son caractère sérieux et la rendre suspecte envers la loi de 1836. Telle la clause d'après laquelle le banquier restait propriétaire du titre et en touchait les intérêts jusqu'au complet paiement des versements. La jurisprudence a condamné cette opération comme constituant une loterie prohibée en séparant les chances de gain des autres avantages attachés au titre.

Nous sommes cependant d'avis que le banquier
peut retenir les intérêts du titre mais, à la condition de les passer au compte de l'acheteur et de les
déduire sur les versements futurs. L'essentiel est
de faire profiter l'acheteur des coupons de son titre.
Quant à savoir de quelle façon il en profitera c'est
plutôt une question de comptablilité.

Une autre clause, également contraire à la loi
prohibitive de 1836, est celle par laquelle, dans
une vente à tempérament, l'acheteur a droit à une
prime de remboursement dans le cas où son titre
serait remboursé au pair, avant complet paiement.
Cette prime, fournie par le banquier, constitue évi-
demment un nouvel avantage attaché au titre et
non prévu par la loi d'autorisation dont il modifie
une des conditions essentielles. On a voulu voir
dans la stipulation d'une prime en cas d'amortis--
sement au pair, une assurance contre les risques
résultant du tirage au sort. Il est vrai qu'une assurance est toujours permise comme opération
principale. Mais dans notre cas cette opération
qualifiée d'assurance, constitue un avantage nouveau et de caractère aléatoire, en ce sens que son
attribution dépend du sort. C'est donc une loterie
nouvelle greffée sur la loterie autorisée et par conséquent prohibée par la loi de 1836 sur les loteries.

Dans le même ordre d'idée, mentionnons la
clause par laquelle le banquier s'engage, pendant
toute la période des versements, à remplacer le

titre remboursé par un autre titre sans que le contrat primitif soit modifié. Ainsi, l'acheteur est assuré de parfaire ses versements sans s'inquiéter de l'amortissement de son titre. En plus, il participe, sans augmentation du prix de la vente, à des nouveaux tirages, auxquels il n'aurait pas droit si son titre amorti n'était constamment remplacé par un autre numéro qui le fait profiter d'une nouvelle chance de gain. C'est précisément dans cette multiplication des chances pour l'acheteur, que nous voyons une modification aux conditions essentielles de la loi d'autorisation. D'autres, au contraire, ont vu dans cette clause une incitation à l'épargne en permettant à l'acheteur à tempérament de rester propriétaire d'une valeur identique jusqu'au parfait paiement du prix de son acquisition. La doctrine qui considère cette combinaison comme valable est contraire à la jurisprudence qui condamne la vente à tempérament avec clause de remplacement du titre amorti.

Avant de finir avec le présent chapitre nous parlerons de deux autres combinaisons relatives à la négociation des obligations à lots. La première consiste dans une association mutuelle entre acheteurs. Dans cette combinaison le banquier vendeur propose à un certain nombre d'acheteurs de mettre en commun les chances des titres dont ils acquièrent la propriété par un premier versement, comme dans la vente à tempérament. Le

banquier garde la possession des titres qui constituent l'objet de l'association dont il est le gérant.

Chaque acheteur participe aux tirages de tous
les titres en proportion de sa part dans l'association. En supposant un groupement de 30 membres
il est évident que l'augmentation du nombre des
chances est multipliée par 30, mais d'autre part
chaque associé n'a droit qu'au 1/30 des lots gagnés.

La jurisprudence a condamné cette opération
comme modifiant l'importance des gains qui est
une des conditions de la loi d'autorisation. Pourtant, quant à nous, la diminution de l'aléa et l'augmentation des chances est une opération contraire
à la loterie et par conséquent morale puisqu'elle
tend à diminuer son effet. On pourrait même dire
qu'une telle association, de tous les porteurs d'o-
bligations à lots, serait l'anéantissement de la loterie
puisque tous les lots seraient ainsi partagés entre
tous les obligaires.

La deuxième combinaison dont nous voulons
parler c'est la vente à option. L'acheteur dans cette
vente, moyennant une somme relativement minime à titre d'acompte sur le prix convenu d'avance,
loue l'obligation pour un tirage. Si son obligation
gagne au sort il complète le prix ordinairement
très élevé et lève le titre ; si non, il a le droit d'opter
entre l'abandon de la somme versée, qui n'était en
somme qu'un prix de location de la chance, et
l'acquisition du titre. Ce qui fait donc ici l'objet de

la vente, c'est plutôt le numéro et la chance au tirage que le titre même. D'autre part, l'acheteur perd complètement sa mise ; ce qui constitue le caractère distinctif de la loterie prohibée par la loi de 1836. En outre, le prix modeste de la vente d'option met à la portée des petites bourses la loterie de valeurs qui, dans l'esprit du législateur autorisant l'émission, ne devaient être acquises qu'avec un déboursé plus ou moins important. La vente à option, modifiant les conditions essentielles de la loi d'autorisation, est donc illicite.

CHAPITRE III

VIE DES OBLIGATIONS

Le contrat de souscription produit des effets et au profit de la société et au profit des obligataires. Nous avons dit que la souscription est un contrat synallagmatique; l'obligataire en souscrivant a donc contracté des engagements envers la société et en outre acquis des droits contre elle. Etudions ces obligations et ces droits de l'obligataire.

SECTION PREMIÈRE

Obligations de l'Obligataire

I

L'obligataire est un prêteur; il doit donc verser le montant de son titre lorsque ce titre doit être complètement libéré au moment de la souscription. Dans le cas où la société ne demande que la réalisation d'une partie de l'emprunt, l'obligataire contracte l'engagement de faire les versements complémentaires d'après les conditions et les dates arrêtées dans l'acte de souscription. Si l'obligataire refuse de compléter les versements promis, la société a le droit de le forcer, par tous les moyens ordinaires, à exécuter ses engagements.

On s'est demandé si l'art. 1846 du Code Civil est ici applicable, et si par suite l'obligataire, en retard des versements, devient débiteur de plein droit des intérêts, des sommes dues. Nous croyons que la différence de nature qui existe entre les actions et les obligations ne permet pas d'étendre cette disposition aux obligataires. On doit donc appliquer le droit commun dont, la règle de l'article 1846, est d'ailleurs une exception.

Dans la pratique une clause est généralement inscrite dans l'acte de souscription en prévision du retard apporté dans les versements. Dans ce cas, la société stipule que passé un delai déterminé elle se réserve le droit de vendre en Bourse le titre non libéré et de compléter avec le prix de l'obligation ainsi vendue les versements qui restaient en souffrance.

Ce procédé employé par les Sociétés est un moyen de défense contre le titulaire négligeant ou insolvable qui est presque toujours inconnu pour la société, comme nous avons eu l'occasion de le dire.

Ainsi au lieu de s'attaquer à la personne du souscripteur, en intentant contre lui une poursuivre directe, la société, par un moyen facile et rapide, exécute le titre sur lequel des versements sont dus. C'est ce qu'on appelle faire une exécution en Bourse.

L'effet de cette exécution est de rendre le titre exécuté nul, en le remplaçant par un nouveau, ayant le même numéro et délivré au nouvel acquéreur au prix du cours officiel de la Bourse.

Ce prix touché par la société est ordinairement inférieur au montant des versements dus sur l'obligation annulée. Mais il se pourrait, quoique rarement, que la somme encaissée par la société soit supérieure et laisse un reliquat. L'un et l'autre cas sont généralement prévus par des clauses spéciales.

Ainsi, des sociétés stipulent que l'exécution en Bourse se fera pour le compte de l'obligataire et à ses risques et périls. Dans ce cas, la société est toujours en droit de réclamer au titulaire négligeant la différence entre le prix de la vente en Bourse et le montant des versements qui restaient à effectuer; mais aussi en cas d'excédent le reliquat devra revenir au titulaire du titre exécuté. D'autres fois on convient que la société gardera dans tous les cas le reliquat, à titre de dommages et intérêts.

En général les conventions arrêtées entre les parties sont obligatoires entre elles tant pour l'exercice de l'exécution en Bourse que pour l'affectation du reliquat. Mais si aucune clause ne vient prévoir et régler la question, nous rentrons dans le droit commun et la société doit alors recourir à la justice, pour demander le droit de vendre à la Bourse le titre de l'obligataire en retard : « Il y a là une application de l'art. 1184, Code Civil, un obligataire n'exécutant pas ses engagements, la société réclame la résolution du contrat qui la lie à lui. » (1).

On s'est demandé quelle est la nature juridique de l'exécution en Bourse. Et d'abord quelques auteurs ont voulu constester la validité de l'opération ; mais la plupart admettent qu'elle est licite (2).

Dans une première opinion l'exécution en Bourse serait une expropriation du titre, étant donné que l'obligation a été vendue publiquement. C'est là d'ailleurs, le système de la Cour de Paris (3).

On peut opposer à cette théorie que pour toute expropriation il faut un titre exécutoire, conformément à l'article 545 du Code de procédure, de même qu'un commandement avec notification aux termes de l'art. 583 du même Code ; il est certain qu'il n'y a rien de semblable ici. Nous repoussons donc cette opinion.

Nous laissons de côté un autre système, d'après lequel l'exécution en bourse serait la réalisation d'un gage qui consisterait dans le titre resté entre

(1) Lyon-Caen et Renault, tome II, p. 541.
(2) Pont, tome II, n° 949 ; Vavasseur, Société, p. 519.
(3) Paris, 15 avril 1885. D. 86-3-87.

les mains de la société, en garantie des versements à effectuer.

Nous nous rallions à l'avis de ceux qui voient, dans l'exécution en bourse, une application pure et simple de l'article 1184 du Code Civil. Cet article porte que « la condition résolutoire est toujours sous-entendue dans les contrats synallagmatiques pour le cas où l'une des deux parties ne satisfera point à son engagement ». Dans l'espèce, l'engagement de l'obligataire était de parfaire, régulièrement et d'après les échéances portées dans l'acte de souscription tous les versements jusqu'à complète libération du titre. Le souscripteur ayant manqué à ses engagements, la société créancière des versements, est en droit de réclamer la résolution du contrat.

Il est vrai qu'au système de l'application de l'art 1184, dans l'exécution en Bourse, on objecte le dernier alinéa de ce même article, aux termes duquel la résolution du contrat doit être demandée en justice ; on conclut, par conséquent, qu'un jugement est nécessaire. Mais, cette disposition n'est nullement impérative et les parties sont libres de stipuler que le contrat sera résolu de plein droit dans le cas de non-exécution des engagements de part ou d'autre.

C'est ainsi aussi qu'en nous fondant sur le principe de la liberté des conventions, nous admettons la clause insérée dans les statuts d'une société,

d'après laquelle le souscripteur en retard des versements, dans une émission d'obligation à primes
ou à lots, perd son droit aux tirages faits après
les délais accordés pour le versement.

On a voulu contester ce droit à la société, se
basant sur ce fait que la prime et le lot, étant la
représentation d'une partie d'intérêts différés, ap-
partenaient de droit aux obligataires et devaient
leur être servis effectivement ; que d'autre part, si
cette clause devait être considérée comme une
clause pénale, une mise en demeure était nécessaire conformément à l'art. 1135 du Code Civil (1).

La jurisprudence a condamné cette manière de
voir et donné gain de cause à la société. Ce n'était
que justice ; car, en définitive, une société est libre
de poser ses conditions et de stipuler une clause
pénale en prévision de la négligence ou de l'insolvabilité du débiteur.

II

Nous avons vu qu'au moment de la souscription la société ne demande ordinairement à l'obligataire, qu'une partie seulement du prix convenu
du titre. Quant aux sommes à verser pour compléter ce prix, elles sont d'avance fixées par l'acte
de souscription , avec les dates échelonnées sur

(1) Lauret, Paris 1890, page 89.

un espace de temps déterminé. L'obligation étant
un titre négociable et cessible, il a pu, dans le laps
de temps qui sépare la souscription du dernier versement, passer entre les mains de plusieurs cessionnaires.

On se demande qu'elle est, dans le cas où les
versements n'ont pas été effectués en leur entier,
la personne à laquelle la société créancière est en
droit de s'adresser pour exiger le paiement des
sommes dues sur l'obligation non libérée. Le
souscripteur primitif est-il toujours tenu envers
la société, malgré la cession de son obligation ;
doit-on, au contraire, considérer comme seul débiteur le porteur ou titulaire actuel du titre ? Disons
tout de suite que la loi reste muette sur ce point
comme sur la plupart, d'ailleurs, des questions qui
concernent les difficultés qui se sont présentées
dans la vie des obligations.

Pour ce qui est des actions, la loi du 24 juillet
1867 a prévu le cas et tranché la question par son
article 3, alin. 2. Voici, du reste, les termes de la
loi : « les souscripteurs primitifs qui ont aliéné
les actions et ceux auxquels ils les ont cédées
avant le versement de moitié restent tenus au paiement du montant de leurs actions pendant un délai
de deux ans, à partir de la délibération de l'assemblée générale. » La nouvelle loi du 1er août 1893,
vint modifier cet article par l'addition suivante :
« les titulaires, les cessionnaires intermédiaires et

les souscripteurs sont tenus, solidairement, du montant de l'action ».

Il est manifeste qu'on ne pourra pas appliquer ces dispositions aux obligations, car les différences qui séparent les deux titres, action et obligation, sont trop grandes pour permettre cette extension d'un cas à un autre et ensuite parce que l'art. 3 de la loi de 1867 est une disposition exceptionnelle et, par conséquent, d'application restrictive. Il nous faudra donc décider d'après les règles du droit commun et les principes généraux.

Rappelons que les obligations peuvent être au porteur avant toute libération et négociables dès l'origine de la souscription. Les statuts sont libres de résoudre ces questions, la loi étant muette sur la matière.

D'après les principes généraux on doit décider que le souscripteur est toujours tenu de compléter les versements en sa qualité de débiteur et qu'il ne peut se libérer d'une obligation contractée librement, par un fait qui dépend de sa seule volonté, en se substituant un autre débiteur sans le consentement de la société.

Quelques auteurs ont distingué dans la question, entre les obligataires titulaires de titres nominatifs et les souscripteurs de titres au porteur. Pour les premiers, on a prétendu qu'il fallait voir, dans le fait du transfert du titre, une novation par changement de débiteur, surtout dans le cas où d'après

les statuts de la société le transfert n'est valable
que sous la condition que le cessionnaire soit agréé
par la société. En laissant faire le transfert la
société, dit-on, a implicitement accepté le nouveau
titulaire pour débiteur.

Il est vrai que la considération de personne n'est
d'aucune valeur dans le contrat formé entre l'émet-
tant et le premier preneur ; pourtant on pourra
répondre à cette opinion que la novation, par
changement de débiteur, ne peut avoir lieu que par
le consentement exprès du créancier. Ici ce consentement n'est même pas demandé puisque la
société n'est pas libre de le refuser. C'est un consentement qui lui est plutôt imposé et qu'elle n'a
pas à exprimer dans les termes exprès dont parle
l'article 1275 du Code Civil.

Quant aux obligations au porteur, ces mêmes
auteurs, reconnaissaient que le souscripteur devait
rester tenu par le fait de son engagement et que la
société pouvait réclamer les versements en souf
france aux souscripteurs originaires.

La jurisprudence, sans faire de distinction entre
les obligations nominatives et les obligations au
porteur, à décidé que la cession du titre libère le
souscripteur de toute réclamation de la part de
la société relativement aux versements restant
encore à faire.

Cette jurisprudence d'ailleurs est conforme à
l'intention probable des obligataires qui, en sous-

crivant à des titres cessibles, entendaient pouvoir se substituer un tiers dans leurs droits et obligations et ne pas rester indéfiniment liés à une opération dont ils s'étaient complétement désintéressés par la cession de leur titres. De même pour les cessionnaires intermédiaires on est d'accord, en général, pour décider qu'il ne sont pas tenus. On les a d'ailleurs justement assimilés à des sous-locataires, intermédiaires contre lesquels il est admis que le bailleur n'a pas d'action (1).

III

Il nous reste un point à déterminer ; celui de savoir quelle sera la situation des obligataires, quant aux versements qui restent à effectuer sur leurs titres en face d'une société en faillite ou en déconfiture.

Nous avons vu que le contrat de souscription est un contrat synallagmatique ; la condition résolutoire est donc toujours sous-entendue dans ces contrats toutes les fois que l'une des deux parties ne satisfera pas à son engagement : article 1184 du Code Civil. La société, dit-on, en cessant de servir les intérêts promis et de faire les remboursements d'après les conditions et échéances

(1) Lyon-Caen et Renault, Traité, t. II, p. 548.

arrêtées par le contrat, rend les obligataires libres de leur engagement de payer le complément des versements.

Un jugement du tribunal de la Seine du 26 juillet 1889 (1) dans la liquidation de la Compagnie Interocéanique de Panama, n'admet pas l'application de cet article, se fondant sur ce fait que la société ne peut pas être considérée comme ayant manqué à ses engagements toutes les fois que jusqu'au moment de la déclaration de faillite, elle a régulièrement payé les intérêts et fait fonctionner l'amortissement.

Au contraire, la jurisprudence admet l'application de l'article 1188 du Code Civil, d'après lequel le débiteur perd le bénéfice du terme en cas de faillite ou lorsque par son fait il a diminué les sûretés données à son créancier par le contrat. La société dans notre cas ne pouvant bénéficier du terme stipulé, elle se verra obligée de rendre immédiatement les sommes reçues après la déclaration de faillite, ces sommes étant devenues exigibles par la perte du bénéfice du terme.

En d'autres termes à quoi bon faire les versements que la société doit rembourser immédiatement, toutes ses dettes à termes étant devenues exigibles au moment de la déclaration de faillite.

On ne doit pourtant pas oublier qu'il y a intérêt

(1) Trib. Civ. Seine, 26 juillet 1889 et 6 décemb. 1889. R. des Sociétés 1889 p. 509 et 1890, p. 427.

pour les autres créanciers de la société, à voir les
obligataires parfaire leurs versements, d'après les
conditions du contrat de prêt. Car si pratiquement
la société en faillite est indifférente aux versements
complémentaires, il n'en est pas de même pour
les créanciers sociaux qui voient ainsi diminuer
l'actif du capital social.

Théoriquement la prétention des créanciers
sociaux, d'après laquelle les obligataires devaient
compléter leurs versements et concourir dans la
masse au prorata de leur créance, nous paraît
bien fondée ; il ne faut pas oublier que si d'après
l'article 1188, la société perd le bénéfice du terme,
cette déchéance n'entraîne pas logiquement pour
les obligataires débiteurs des versements, le
droit de ne pas exécuter leur engagement de
payer.

On a fait intervenir dans le débat, pour soutenir
l'opinion qui défend les obligataires, l'argument par
analogie de l'art. 577 du Code de Commerce,
d'après lequel le vendeur a un droit de retention
sur les marchandises qui ne seraient pas livrées
au failli ; et de l'art. 1613 du Code Civil qui dispense
le vendeur de délivrer envers l'acheteur tombé en
faillite et auquel un délai lui aurait été même
accordé. Sans entrer plus avant dans la discussion
de cette question, nous dirons seulement que l'article 577 du Code de Commerce ne prévoit pas le
cas d'un terme accordé au débiteur. La situation

n'est donc pas la même avec celle d'une société
en faillite envers ses obligataires.

Nous dirons, en concluant, que la faillite dans les
sociétés commerciales et la déconfiture dans les
sociétés civiles n'entraînent pas la résolution du
contrat passé par l'obligataire et que, celui-ci doit,
par conséquent, exécuter son engagement jusqu'au bout.

L'opinion contraire méconnaît les intérêts des
autres créanciers sociaux, qui, en somme, sont aussi
intéressants que les obligataires ; car en suivant
la foi de leur débitrice ils avaient aussi compté dans
les garanties offertes par la société, sur le capital-
obligations.

On peut ajouter, d'autre part, que le terme accordé ici à la société par l'obligataire est pour celui-ci
incertain et dépend pour la fixation de sa date du
tirage au sort. La dette de la société est donc plutôt
sous condition qu'à terme et par conséquent non
exigible en cas de faillite et de liquidation judiciaire.

SECTION II

Droits de l'Obligataire

I

L'obligataire est un créancier chirographaire et
comme tel il a tous les droits accordés en général
par la loi à un créancier ordinaire. Ainsi l'obligataire a droit aux intérêts promis par la société par

,ê contrat de souscription. Si la société refuse de payer les intérêts échus, l'obligataire peut en exiger le paiement et y contraindre la société par toutes les voies légales. L'obligataire est même en droit de demander la déclaration de la faillite si la société est commerciale.

Nous avons vu que les intérêts, tant pour les obligations au porteur que pour les titres nominatifs, sont payables au porteur et que la société n'a aucune justification à demander au détenteur. Pour les obligations au porteur les intérêts sont représentés par des coupons détachables et qui circulent dans la pratique comme monnaie fiduciaire quand ils sont échus.Les coupons,pour être payés,doivent être présentés aux bureaux de la société débitrice ; pourtant certaines sociétés ou compagnies de chemins de fer pour faciliter leur paiement ont passé, avec d'autres sociétés ou banques, des traités, d'après lesquels l'encaissement de leur coupons peut se faire également à leurs guichets.

La société, en payant les coupons, n'a pas en principe à s'inquiéter si la personne qui les présente était possesseur des titres au moment de leur échéance. Pourtant il y a un cas dans lequel l'établissement débiteur doit s'abstenir de payer. C'est quand sur les coupons présentés à ses guichets il a été fait opposition. Elle garde alors les coupons litigieux et attend que la justice ait décidé comment et entre les mains de qui elle pourra s'acquit-

ter valablement. Nous aurons l'occasion de parler
plus bas de cette question à propos de la perte ou
du vol des obligations.

Les coupons représentent des intérêts ; la société
est donc tenue pendant cinq ans envers ses créanciers conformément à l'art. 2277 du Code Civil.

Mais ce délai écoulé, le droit aux intérêts échus
est prescrit, sauf clause spéciale en faveur des
obligataires. Ainsi la Compagnie de chemins de
fer du P.-L.-M. paie les coupons échus de s's
obligations même après l'accomplissement de la
prescription quinquennale. Cette prescription, en
effet, n'opère pas de plein droit et les sociétés peuvent toujours renoncer à s'en prévaloir, pour affer-
mir leur crédit et accroître le prestige de leurs
titres.

Un autre droit des obligataires est celui d'être
remboursés de leur capital prêté d'après les
clauses du contrat intervenu avec la société et
conformément aux conditions et aux dates arrêtées
dans l'acte de souscription. Nous traiterons cette
question longuement dans notre dernier chapitre
en étudiant les modes d'extinction des obligations.

En dehors de ces droits qui appartiennent aux
obligataires, comme créanciers, ceux-ci ont encore
le droit de transmettre leur titre. C'est le droit
d'ailleurs d'aliéner qui appartient à tout propriétaire. En parlant des analogies qui existent entre
les obligations et les actions nous avions remar-

qué que suivant la forme adoptée elles se transmettent d'une manière différente. Voyons quels
sont ces modes de transmission.

. Et d'abord pour les obligations nominatives la
transmission du titre ne peut se faire que par un
moyen spécial appelé *transfert*. Cette opération
consiste dans une déclaration de cession faite par
le transférant et inscrite par la société sur ses
registres avec le nom du nouveau titulaire. La
même inscription est également portée sur le titre
transmis.

Quant aux obligations qui affectent la forme
à ordre, très rare dans la pratique, leur transmission se fait par un endossement.

Enfin, l'obligation au porteur se transmet par
la simple tradition, conformément à l'article 35,
alinéa 2, du Code de Commerce, qui dispose que la
cession des titr s au porteur envers les tiers
s'opère par la tradition. Remarquons cependant
que l'article 35 du Code de Commerce, n'exclue pas
la règle générale de l'article 1138 du Code Civil, en
vertu de laquelle la convention seule des parties
suffit pour transférer la propriété.

Les titres au porteur étant assimilés aux meubles corporels, le possesseur du titre est présumé
propriétaire par application de la règle de l'article
2279 du Code Civil : en fait de meubles la possesion
vaut titre. Le détenteur d'une obligation au porteur n'a donc aucune preuve à faire de sa pro-

priété pour céder le titre dont il a la possession.

Les obligations au porteur, à raison de cette grande facilité de transmission et de leur impersonnalité dans la forme, jouisssent d'une faveur exceptionnelle auprès du public et sont, sans conteste, la valeur la plus importante sur le marché financier. Notons aussi qu'un décret, en date du 7 octobre 1870 (art. 47), donne aux titres au porteur, l'avantage d'être les seuls négociables en Bourse par l'intermédiaire des agents de change.

II

Les obligations sont, avons-nous dit, des meubles corporels; comme tels, elles sont sujettes, de même que tout objet mobilier, à être perdues ou volées. On se demande quelle est, en ce cas, la situation faite au propriétaire qui est involontairement dépossédé de son titre, tant dans ses rapports avec la société débitrice que dans ceux qu'il peut avoir avec les tiers acquéreurs ou détenteurs des titres perdus ou volés. L'obligataire ainsi dépouillé de son titre pourra-t-il toucher les intérêts échus et prétendre au remboursement de son capital devenu exigible à la suite d'un tirage d'amortissement? En outre s'il veut négocier ce titre perdu

ou volé sera-t-il admis à demander de la société
la délivrance d'un nouveau titre, d'un duplicata?

Autant de questions qui ont une importance
considérable dans la pratique et qui pour n'être
pas absolument spéciales aux obligations n'en
rentrent pas moins dans le cadre de notre
étude.

Les formalités que l'obligataire dépossédé doit
remplir et les mesures qu'il doit prendre en cas de
perte ou de vol de son titre ne sont pas les mêmes
pour les deux formes, au porteur et nominative.
Pour cette dernière, la situation du propriétaire
n'est pas alarmante, car le titre nominatif ne suffit
pas à lui seul, comme cela peut-être admissible
pour le titre au porteur, à prouver que le détenteur
en est aussi le propriétaire. Le possesseur qui se
présenterait au remboursement du capital avec le
titre volé ou perdu ne sera pas accepté par la
société, celle-ci ne reconnaissant comme son
créancier que celui dont le nom est porté sur le
titre et inscrit sur ses registres. Quand bien
même le détenteur prétendrait être le cessionnaire des droits du véritable titulaire, la société
débitrice pourrait justement répondre qu'étant un
tiers, la cession ne peut avoir d'effet envers elle
qu'après l'accomplissement des formalités exigées
pour le transfert du titre. Le propriétaire peut
donc en prouvant son identité réclamer le paiement
du capital amorti et au besoin demander un dupli-

cata de son titre primitif. La société, en effet, n'a pas à craindre de subir un préjudice en payant deux fois le même capital car, ce qui est perdu ou volé, dans notre cas, ce n'est ni la créance même ni les droits de l'obligataire mais seulement la preuve matérielle dont le titre est la représentation extérieure.

Et cela quant au capital; pour ce qui est des intérêts nous savons qu'ils sont payables au porteur même pour les titres nominatifs et que la personne qui se présente n'a aucune qualité à prouver pour les toucher. Pour cette raison, le véritable titulaire afin de prévenir que ces intérêts ne soient versés à un tiers possesseur, doit le plus tôt possible faire opposition entre les mains de la société qui ne peut alors s'acquitter valablement qu'après avoir fait justifier à l'opposant ses droits et sa qualité de titulaire du titre perdu ou volé.

En cas de perte ou de vol d'un titre au porteur la situation de l'obligataire devient bien plus délicate et difficile ; les formalités qu'il doit remplir pour prévenir toute négociation de son titre et pour faire reconnaître ses droits par la société sont aussi plus compliquées. Dans notre question une loi datée du 15 juin 1872 est venue régler la condition du propriétaire dépouillé et résoudre la plupart des difficultés qui, avant sa promulgation étaient soumises aux principes généraux du droit.

Nous allons donc voir d'abord quelle était la

jurisprudence avant cette loi ; nous parlerons
ensuite de la situation qui est faite actuellement,
par le législateur de 1872, à l'obligataire dépossédé.

Avant cette loi le porteur dépossédé était, dans
ses rapports avec la société débitrice, dans une
situation mauvaise. La société émettait en effet
la prétention de ne vouloir payer les intérêts ou le
capital amorti qu'au possesseur du titre qu'elle
reconnaissait d'ailleurs comme le seul propriétaire.
Confondant le droit du créancier avec le titre qui
en est la preuve, elle soutenait qu'elle n'était débitrice que du titre et qu'elle ne voulait pas s'exposer
à acquitter deux fois la même dette. La jurisprudence avait condamné cette manière de voir et
tout en sauvegardant les intérêts de la société elle
donna, dans une certaine mesure, satisfaction au
propriétaire dépossédé. C'est ainsi que l'obligataire
dépouillé devait faire opposition à la société de
payer et en même temps prouver ses droits sur le
titre perdu ou volé. La société ainsi avertie dépo-
sait le tout, intérêts et capital exigible, s'il y avait
lieu, à la Caisse des Dépots et Consignations.

L'obligataire opposant pouvait retirer les intérêts
de la caisse des Dépôts, cinq ans après l'échéance,
délai après lequel la société était déchargée envers
tout possesseur de bonne foi par l'effet de la prescription de l'article 2277 du Code Civil. De même
pour toucher le capital déposé, les formalités à
remplir étaient les mêmes, mais le délai qui devait

garantir la société contre toute réclamation de la part d'un détenteur de bonne foi, étant fixé à 30 ans par l'article 2262 du Code civil, le propriétaire dépossédé ne pouvait retirer son capital de la Caisse des Dépôts et Consignations, qu'après l'accomplissement de ce délai, calculé à dater de l'exigibilité dudit capital.

Mentionnons que, d'après cette jurisprudence, la société n'était pas obligée de délivrer un nouveau titre au propriétaire dépouillé, qui se trouvait ainsi dans l'impossibilité de négocier la valeur qu'il avait en mains.

Quant aux moyens d'actions qu'avait le propriétaire contre les tiers possesseurs, sa situation était la même que celle faite, par les articles 2279 et 2280 du Code Civil, au propriétaire d'un meuble. La jurisprudence assimilait le titre au porteur à une chose mobilière corporelle ; le propriétaire dépossédé pouvait donc revendiquer son titre contre l'acquéreur de bonne foi pendant trois ans, à partir de la perte ou du vol. Mais, dans ce cas, d'après l'article 2280, le propriétaire originaire devait rembourser le possesseur actuel du prix payé, si celui-ci avait acheté le titre « d'un marchand vendant des choses pareilles, » c'est-à-dire s'il avait fait son acquisition en Bourse, chez un banquier ou chez un changeur. On n'avait rien, en effet, à reprocher à l'acheteur dont la bonne foi était manifeste et dont la situation était plus digne d'intérêt en face du propriétaire dépossédé auquel, en somme, incombait la faute, tant soit peu légère, de n'avoir pas su éviter la perte ou le vol de son titre.

En résumé, avant la loi du 15 juin 1872, l'obligataire qui était dépossédé de son titre au porteur, par perte ou vol, pouvait après opposition, toucher les intérêts cinq ans après l'échéance et le capital trente ans depuis son exigibilité. En outre, dans ses rapports avec les tiers, il pouvait revendiquer son titre pendant trois ans entre les mains d'un possesseur de bonne foi et trente contre l'acquéreur de mauvaise foi.

Dans tous les cas, il ne pouvait jamais obtenir de la société un duplicata de son titre volé, perdu ou détruit.

Voyons, maintenant, quelles sont les améliorations apportées par cette loi à la situation de l'obligataire dépouillé involontairement de son titre. La loi du 15 juin 1872 est favorable au propriétaire dépossédé, en ce sens qu'elle lui permet, après des délais relativement courts, de toucher les intérêts et le capital; d'obtenir un duplicata de son ancien titre ; et enfin, de revendiquer contre l'acquéreur de bonne foi sans être obligé de lui rembourser le prix d'achat.

D'après cette loi, l'obligataire dépouillé doit remplir certaines formalités, tant pour empêcher la négociation de son titre par le tiers détenteur que pour être en mesure lui-même de réclamer les intérêts et le capital. Ces formalités, consistent d'abord dans une opposition en due forme, entre les mains de la société, contenant le nombre de titres perdus ou volés, leur nature et leurs numéros, de façon à ce qu'on puisse établir leur exacte individualité. Par cette opposition, défense est faite à la société débitrice de procéder à tout paiement, soit d'intérêts, soit de capitaux, et en même temps, elle est rendue responsable dans le cas où, par erreur ou autrement, elle aurait versé au possesseur qui se présenterait les intérêts échus ou le capital devenu exigible. La société devra, dans ce cas, retenir le titre opposé contre récépissé donné au détenteur et avertir le propriétaire. Ce sera à la justice ensuite à décider à qui des deux, entre le propriétaire opposant ou le possesseur, elle devra le remettre.

Mais si personne ne se présente après l'opposition, l'obligataire dépossédé pourra toucher les intérêts ou le capital de son titre aux conditions suivantes : qu'un an soit écoulé depuis cette opposition ; que dans cet intervalle, deux termes au moins d'intérêts ou de dividendes aient été mis en distribution ; qu'il obtienne l'autorisation du président du Tribunal ; et qu'il fournisse caution. Cette caution sera tenue pendant deux ans à partir de l'autorisation, pour les intérêts, et dix ans pour le capital, depuis son exigibilité et cinq ans après l'autorisation du président du Tribunal. La caution peut être remplacée par un nantissement, et dans le cas où l'obligataire serait dans l'impossibilité de donner l'une ou l'autre, les sommes sont alors déposées à la Caisse des Dépôts et Consignations d'où l'opposant pourra les retirer après l'expiration des susdits délais.

La société qui a payé le propriétaire dépossédé, après l'accomplissement de toutes ces formalités, est complètement dégagée, de par la loi, envers les tiers possesseurs. Ceux-ci ne pourront plus exercer de recours que contre l'obligataire opposant ou sa caution.

Dans ses rapports avec les tiers, le propriétaire dépossédé, d'après la nouvelle loi, peut revendiquer contre le possesseur de bonne foi, sans même restituer à celui-ci son prix d'acquisition. Pour ce faire, une opposition est nécessaire entre les mains du syndic des Agents de change de Paris qui est censé être l'intermédiaire de toutes les négociations faites en Bourse. Les numéros des titres frappés d'opposition sont publiés dans un journal spécial et, à partir de cette publication, toute négociation du titre opposé est considérée sans effet envers le propriétaire opposant.

Quand à la délivrance d'un duplicata du titre perdu ou volé, la société ne l'accorde qu'après dix ans écoulés depuis l'autorisation du président, pendant lesquels les numéros sont publiés dans le

bulletin officiel des oppositions et avec constitution de caution garantissant la publication pendant
une nouvelle période de dix ans, depuis la délivrance du nouveau titre.

Comme on le voit toutes les précautions ont été
prises par la loi de 1872 pour protéger les intérêts
de la société, tout en donnant la facilité au propriétaire dépossédé de toucher les intérêts de son
titre et de rentrer dans son capital amorti ou dans
la possession d'un duplicata, lui conférant les
mêmes droits et avantages que son titre primitf,
dont il était involontairement dépouillé.

Disons, pour en finir avec cette question, que
toutes les fois que les formalités prescrites par la
loi du 15 juin 1872 ne seraient pas remplies par le
propriétaire dépossédé, on devra recourir à la
législation antérieure à cette loi et appliquer les
articles 2279 et 2280 du Code Civil qui constituent
le droit commun de la matière.

CHAPITRE IV

Nous avons vu jusqu'ici comment le contrat se forme par la souscription et quels sont ses effets. En d'autres termes nous avons parlé de la naissance des obligations et de la manière dont elles se comportent dans leur existence. Il nous reste logiquement à étudier, pour compléter notre travail, comment les obligations prennent fin et s'éteignent.

Dans le contrat intervenu entre les obligataires et la société, on stipule généralement, que le remboursement se fera par un mode d'extinction appelé amortissement, qui consiste dans des remboursements partiels d'un nombre déterminé d'obligations et désignées par la voie du sort. Nous avons dit, au cours de cette étude, que ce mode d'extinction de la dette de la société était une des particularités du contrat de souscription; il est aussi le moyen d'extinction ordinaire et normal des obligations.

Mais les obligations peuvent, en outre, s'éteindre

d'une façon anormale et avant le terme convenu, dans le cas, par exemple, où une société viendrait à tomber en faillite. L'amortissement ne peut plus continuer à fonctionner et le remboursement se fait alors forcément avant le terme fixé par le tableau arrêté d'avance et sur des bases autres que celles stipulées dans l'acte de souscription. Dans une deuxième hypothèse les obligations peuvent encore être remboursées d'une manière anormale et avant terme quand une société cesse son exploitation et procède à sa liquidation ou quand l'Etat, accédant aux sollicitations d'une compagnie de chemins de fer, rachète les lignes concédées et rembourse toutes les obligations restant en circulation au moment du rachat. Dans tous ces cas : faillite, liquidation ou rachat conventionnel, le rembour- sement est toujours anormal, anticipé et forcé. Souvent encore une société ou une compagnie de chemins de fer émet la prétention de rembourser ses créanciers 20 ou 30 ans avant l'expiration de la période d'amortissement, imposant ainsi à ses obligataires un remboursement anticipé.

Nous aurons donc à traiter, dans un premier para- graphe, de la fin anormale ou de l'amortissement, dans un second, de l'extinction anormale ou de la faillite, dans un troisième, de la liquidation et du rachat conventionnel et enfin, dans un dernier paragraphe, nous parlerons du remboursement anticipé.

SECTION PREMIÈRE

De l'Amortissement

I

Nous venons de remarquer que l'amortissement est le procédé de remboursement normal et régulier. Au moment de l'émission la société fait connaître au public, au moyen d'un tableau dressé d'avance, le délai dans lequel elle doit se libérer, le nombre de titres qu'elle doit rembourser tous les ans et la date des tirages au sort. Ce mode d'extinction des obligations suppose donc une société prospère qui tient ses engagements jusqu'au bout, puisqu'elle s'acquitte intégralement de sa dette et dans les conditions prévues par l'acte de souscription.

L'amortissement par la voie du tirage au sort est surtout nécessaire lorsque les obligations sont à primes et à plus forte raison quand des lots y sont attachés ; dans ce dernier cas, ce sont les premiers numéros sortis de la roue qui déterminent les gagnants dans l'ordre de leur sortie.

La durée de l'amortissement est ordinairement assez longue et varie selon le crédit ou les ressources dont peut disposer la société. Mais la manière de répartir le capital à amortir n'a pas été de tout temps la même.

Au commenc ment les sociétés avaient employé un procédé depuis longtemps abandonné, qui consistait dans le remboursement tous les ans d'un même nombre de titres. Ce vieux système avait le grand inconvénient d'être très onéreux pendant les premières années de la société naissante, quand par la force même des choses les dividendes étaient maigres ; il était au contraire, très favorable pour les dernières années, alors que la partie des intérêts rendue libre par l'absence des titres amortis, venait grossir les dividendes à répartir aux actionnaires.

Cette répartition des charges de l'amortissement était illogique. Le système employé actuellement pour l'amortissement, beaucoup plus rationnel que le premier, consiste dans l'emploi d'une somme annuelle fixe pour le service, tant des intérêts que du remboursement. C'est l'amortissement par la somme unique et déterminée, où le remboursement du nombre d'obligations est variable et l'annuité constante. Par ce système la charge pour la société est insignifiante pour les premières années, car la somme destinée au remboursement dans l'annuité est relativement minime, par rapport à la somme consacrée au service des intérêts dans la totalité du capital affecté à l'amortissement.

Cette proportion entre la somme affectée au

remboursement d'un certain nombre de titres et celle consacrée au paiement des intérêts est naturellement variable et dépend mathématiquement de la durée totale sur laquelle l'amortissement sera réparti. Ainsi, pour une période de 75 ans la somme qui doit servir au remboursement est à peu près du vingtième de celle des intérêts ; pour une période de 99, du vingt-cinquième environ et ainsi de suite, d'après des tables d'amortissement qui donnent exactement la somme qui doit être employée pour arriver au remboursement total dans un espace de temps voulu.

On comprend que par ce procédé la société ne peut rembourser, pour commencer, qu'un petit nombre d'obligations. Mais ce nombre va toujours en augmentant, à mesure que les intérêts à payer diminuent progressivement avec le nombre de titres qui restent en circulation. Il arrive ainsi que pour les dernières années presque toute la somme affectée à l'amortissement est employée au remboursement d'un très grand nombre d'obligations; les intérêts à payer, ne sont plus, en effet, que minimes, la majorité des titres ayant été remboursés.

Pourtant aucune loi ou règlementation n'est venue restreindre la liberté des sociétés quand à la répartition de l'amortissement. Elles peuvent, dès lors, adopter tel procédé que bon leur semblera. « Ainsi, il peut se faire que le nombre des obli-

gations à amortir durant les premières années
qui suivent l'emprunt soit plus grand que durant
les suivantes, ou, qu'au contraire, le nombre aille
en augmentant progressivement (1). »

La charge de procéder à l'amortissement et
d'effectuer les tirages incombe à la société. Elle
est débitrice de plusieurs sommes remboursables
à des termes incertains. Elle doit donc fixer ces
termes. L'amortissement, d'ailleurs, se fait dans
son intérêt puisque, par ce moyen, elle se libère
de sa dette envers ses créanciers. La société qui
procède au remboursement de ses obligations, au
moyen de l'amortissement, doit suivre, quant aux
dates et au nombre des tirages annuels, le
tableau arrêté au moment de la souscription et
ordinairement transcrit au dos de chaque titre.
C'est là un engagement qu'elle a pris au moment
de la formation du contrat ; tout obligataire est
donc en droit de demander son exécution toutes
les fois que la société négligerait d'y procéder dans
les conditions convenues.

L'obligataire dont le titre est amorti par la sortie
de son numéro au tirage, doit présenter ce titre
aux guichets de la société pour recevoir le montant du remboursement. On se demande si la
société débitrice ne doit pas exiger du porteur du
titre amorti certaines justifications, afin de se
mettre à l'abri de toute libération insuffisante.

(1) Lyon-Caen, et Renault, Traité, t. II, p. 377.

En dehors du cas d'une opposition faite entre ses mains, il est généralement admis que la société se libère valablement de sa dette, pour un titre au porteur, en payant le possesseur du titre qui est présumé, en même temps, être le véritable propriétaire. Mais pour les titres nominatifs, la société doit prendre certaines précautions pour ne pas être exposée à payer une seconde fois. Elle doit, d'abord, s'assurer de l'identité de la personne qui se prétend titulaire du titre remboursé et exiger les justifications nécessaires de ses qualités si elle se présente pour le compte d'une autre personne incapable, d'après la loi, de toucher le capital devenu exigible.

Ainsi, lorsque des obligations nominatives, appartenant à un mineur, sont amortis, le tuteur qui se présente pour toucher le montant du remboursement doit justifier de sa qualité et de ses pouvoirs. S'il ne peut le faire, la société est en droit de refuser de payer, laissant à la justice le soin de décider, entre les mains de qui elle pourra s'acquitter valablement

De même si le titre amorti appartenait à une femme mariée, la société doit exiger la production du contrat de mariage. Elle pourra ainsi faire un paiement valable, en tenant compte du régime sous lequel les conjoints se sont mariés et des différentes clauses de remploi et d'administraction.

8

Les cas dans lesquels la société doit et a le droit d'exiger des justifications d'identité et de qualité sont nombreux et trouvent leur place dans le droit civil.

A propos de l'amortissement on se demande quelle est la situation faite au vendeur d'une obligation sortie au tirage. Les deux parties ignoraient que le titre était amorti; la négociation est-elle valable? La question au point de vue pratique a de l'importance pour une obligation à prime ou à lots, et même pour une obligation ordinaire, le prix de la cession ou le cours de la Bourse pouvant être supérieur ou inférieur au taux nominal.

La jurisprudence a décidé que la vente d'une obligation est nulle pour erreur sur la substance lorsqu'au moment de la vente le titre était déjà sorti au tirage et que les parties contractantes étaient dans l'ignorance de cette circonstance. La vente en effet a porté sur une chose qui avait cessé d'exister au moment de la formation de la convention. La prime et le lot appartiennent à celui qui était propriétaire au jour du tirage. La vente intervenue postérieurement au tirage ne peut lui enlever cette qualité; il en résulte qu'il peut exiger de l'acheteur la restitution du titre amorti ou du montant de la prime ou du lot lorsqu'il a été remboursé. L'acheteur, de son côté, pourra demander un autre titre en remplacement du premier ou la restitution du prix d'acquisition avec dommages-intérêts pour le préjudice qui lui a été causé, tant par la perte des intérêts que par la privation des chances aléatoires au tirage.

L'obligataire dont le titre a été amorti conserve son droit au remboursement pendant 30 ans, conformément au droit commun ; mais les parties sont libres de réduire le délai de cette prescription par une convention expresse.

ïi

Nous venons de voir que la société acquitte sa dette envers les obligataires par un moyen qui consiste à rembourser, tous les ans et à date fixe, un nombre déterminé de titres. La désignation des obligations se fait au moyen d'un tirage au sort. Le créancier obligataire, dont le capital est ainsi devenu exigible, peut à partir de ce moment et doit se présenter à la caisse de la société pour toucher le montant nominal de son titre. Mais pour que le titulaire d'une obligation puisse savoir que son titre est sorti au sort, la société doit, après chaque tirage, porter à la connaissance de ses créanciers par tous les moyens de publicité, tels que affiches et insertions dans les journaux financiers, les numéros des titres amortis. Ici se présente une question qui peut, parfois, prendre une importance pécuniaire, relativement grande, pour les obligataires, et dans l'examen de laquelle nous entrons.

Un obligataire, ignorant que son titre a été amorti, continue à se présenter aux guichets de la société débitrice et touche les intérêts pendant un délai plus ou moins long.

. Dans la pratique cela peut arriver fréquemment, les sociétés n'ayant pas l'habitude de contrôler les numéros des coupons qui leur sont présentés et, d'autre part, les obligataires n'étant pas toujours en mesure de constater que leur créance a été remboursée. C'est, surtout, dans les sociétés étrangères, dont les titres sont cotés à la Bourse, en France, que le cas s'est présenté souvent. Ces sociétés, la plupart du temps, se contentent d'une publicité qui passe presque inaperçue pour les possesseurs français. D'ailleurs, les banquiers qui représentent ces sociétés et qui sont chargés du paiement des coupons, s'inquiètent peu de la vérification des numéros sortis au sort. Ils continuent donc à servir les intérêts aux obligataires amortis, tout en faisant profiter la société, qui s'acquitte ainsi de sa dette d'une manière moins onéreuse.

Notons que le cas d'un obligataire qui continue à toucher les intérêts et à ne pas réclamer le remboursement de son capital rendu exigible, ne peut se présenter que pour les titres au porteur. Quant aux titres nominatifs, la question est tout autre.

La société ayant le nom et l'adresse des titulaires, doit avertir individuellement chaque obligataire que son titre a été amorti et qu'il a cessé d'être productif d'intérêts. La société qui omet de remplir cette formalité, commet, envers le titulaire d'une obligation nominative, une faute lourde et ne peut élever aucune prétention pour les intérêts payés par elle après amortissement du titre.

Mais pour les titres au porteur, quand l'erreur est découverte, soit par le détenteur du titre qui vient demander le remboursement de son capital, soit par la société elle-même, cette dernière émet alors la prétention de déduire de la somme à rembourser le montant des intérêts indûment payés. Ordinairement, ces intérêts ne représentent que quelques termes, et l'obligataire se soumet, en général, de bonne grâce, à la prétention de la société. Pourtant, il peut arriver, et le cas s'est présenté, où les intérêts ont continué à être servis après tirage, pendant des longues annnées, de façon que le capital à rembourser égalait et parfois était inférieur au montant des intérêts indûment payés. Dans ce dernier cas, non seulement la société ne rembourse pas le capital, mais, en outre, elle réclame à l'obligataire la restitution de l'excédent.

L'intérêt pécuniaire devient donc assez important pour mériter l'examen et la discussion des arguments sur lesquels la société fonde sa prétention pour retenir les intérêts ; et des objections, d'autre part, de ceux qui combattent cette théorie et qui nient à la société ce droit de déduction ou de compensation.

La question ne peut se présenter, depuis la loi dur 1er août 1893, que dans le cas où une stipulation expresse a prévu le paiement des intérêts après la sortie du numéro au tirage et a décidé que ces intérêts cesseraient d'être dûs.

Dans le cas où il y a absence de stipulation, l'article 6 de la loi nouvelle a résolu la question dans un sens contraire à celui de la jurisprndence antérieure. Cette jurisprudence, en effet, sans faire de distinction entre les cas où il y avait et où il n'y avait pas de stipulation, décidait uniformément, qu'il y avait toujours lieu à répétition des intérêts indûment payés.

La nouvelle règle de la loi de 1893 forme l'article 70 nouveau de la loi sur les sociétés qui est ainsi conçu : « Dans le cas où les sociétés ont continué à payer les intérêts ou dividendes des actions, obligations ou tous autres titres, remboursables par suite d'un tirage au sort, elles ne peuvent répéter ces sommes lorsque le titre est présenté au remboursement. » Il est à regretter que cette règle ne soit pas impérative, car la convention contraire étant admise, la stipulation deviendra forcément de style dans les statuts des sociétés et ainsi la loi restera peut-être lettre morte. Voyons, maintenant, quels sont les arguments présentés de part et d'autre dans le cas d'une stipulation expresse.

Généralement, dans la pratique, les sociétés stipulent que les intérêts cessent à courir après l'amortissement du titre. Il est même d'usage de faire signer par l'obligataire, sur un bordereau au moment du paiement des coupons, la déclaration imprimée qu'il a vérifié les listes des tirages et qu'il s'engage à restituer les intérêts perçus par erreur.

Cette stipulation insérée dans le contrat de souscription d'après une jurisprudence constante (1) est valable et permet à la société de répéter les sommes payées après l'amortissement. Le plus sérieux argument de cette jurisprudence c'est que la société en continuant de servir les intérêts après la sortie au tirage du titre a fait un paiement de l'indu, car, dit-on avec Pothier, « c'est payer une somme non due que de payer ce qui a cessé d'être dû » (2).

Les partisans des sociétés font aussi intervenir en faveur de leur opinion l'article 1235, al. 1er du Code Civil, d'après lequel : « Tout paiement suppose une dette : ce qui a été payé sans être dû est sujet à répétition. » D'après la clause du contrat

---

(1) Cass. 29 juill. 79 ; S. 80. 1. 109 ; Trib. Seine 15 mai 85 ; Gaz. des trib. 2 juin 85 ; Trib. Com. Seine, 26 janvier 89 ; Ann. du Com. 89, p. 85.

(2) Pothier, Promutuum, nº 148.

intervenu entre la société et les obligataires, celle-
ci cessait de devoir les intérêts aux obligations
amorties et si elle a continué à les payer pendant
un certain délai, ce ne peut être que par erreur.
Dans ce cas la société est en droit d'appliquer les
articles 1376 et 1377 du Code Civil par lesquels
l'action en répétition de l'indû lui est accordée.

Nous ne sommes pas de l'avis de la jurisprudence
et nous pensons avec la plupart des auteurs qu'on
ne peut valablement se décharger par une stipulation des conséquences de son dol et de sa faute
lourde. S'il est vrai de dire qu'il sera presque impossible à l'obligataire de prouver le dol ou la
mauvaise foi de la société qui continue le paiement
des coupons d'une obligation amortie, il est pourtant manifeste qu'elle a commis une faute par sa
négligence qui, suivant les cas, peut être qualifiée
de lourde ou de légère.

Cette négligence de la part de la société consiste
en ces deux faits : d'abord pour n'avoir pas, par
une publicité suffisante, averti l'obligataire de l'a-
mortissement de son titre et ensuite, au moment de
la présentation du coupon, pour avoir négligé de
le contrôler avec la liste des tirages. La stipulation
par laquelle une société cesse de devoir des intérêts à un titre amorti à partir de sa sortie au sort,
ne peut avoir d'effet que sous la condition que la
liste des numéros à rembourser ait été portée à
la connaissance de l'obligataire. Pour remplir cette

condition la société est seule juge des moyens de publicité à choisir. Ordinairement elle se contente de l'insertion des listes dans deux ou trois journaux financiers, peu répandus en dehors d'une clientèle spéciale, et de l'affichage dans ses bureaux. Quant au moyen le plus efficace qui consiste à faire vérifier par ses employés les coupons présentés au paiement, les sociétés répondent qu'étant donné la façon dont le paiement des coupons se fait dans la pratique, elles leur est matériellement impossible de procéder à la vérification immédiate des numéros. Nous voulons bien admettre cette excuse mais nous croyons que la société a tout le temps nécessaire pour contrôler les listes des tirages entre le premier et le deuxième coupon échu après l'amortissement du titre, et peut efficacement avertir le porteur dont elle possède le nom et l'adresse sur le bordereau de paiement.

A côté du principal argument tiré du paiement de l'indû, les sociétés invoquent également à leur appui la clause imprimée qu'elle font signer à l'obligataire qui se présente pour toucher le montant des coupons. Nous répondrons à cet argument, présenté en faveur de la règle admise par la jurisprudence, que tout d'abord cette clause n'est nullement obligatoire pour le porteur de coupons qui peut, dès lors, se refuser de signer, sauf pourtant si dans l'acte de souscription l'obligataire s'était engagé à vérifier les listes des numéros sortis.

D'ailleurs, d'après la jurisprudence même, les clauses imprimées n'ont qu'une valeur relative et ne peuvent prévaloir contre certaines dispositions édictées par la loi et que, notamment, elles ne sauraient avoir pour effet de dégager celui qui les a édictées de la responsabilité encourue par sa faute.

En dehors de cet argument juridique et dans le domaine des considérations pratiques et de l'équité, les partisans de la prétention des sociétés soutiennent que l'obligataire est en faute en négligeant de vérifier ses numéros ; qu'une société ne peut conserver dans ses caisses, improductives et indisponibles, les sommes importantes destinées au remboursement des titres amortis ; que d'après le jeu même de l'amortissement le montant des intérêts, payables annuellement, est calculé de façon à diminuer tous les ans et que si la société continuait à payer les intérêts des titres amorties le remboursement serait diminué d'autant.

Nous répondrons à toutes ces objections que l'obligataire en souscrivant n'a pris aucun engagement concernant la vérifications des listes des tirages ; que s'il y a négligence de sa part cette négligence peut être excusable, car il n'est pas forcé d'être abonné à un journal financier ou, encore mieux, s'il a des ressources modestes il est naturel qu'il ne puisse pas payer cet abonnement. Même pour l'obligataire riche et dont le portefeuille est garni de titres, nous admettons que la négligence est pardonnable en face de la société dont le devoir est de contrôler les coupons qui lui sont présentés à ses guichets et qui possède tous les moyens nécessaires pour cette vérification. C'est elle qui procède aux tirages, qui en détient les listes et qui est mieux outillée et en état de procéder à ce genre d'opérations.

Quand aux sommes considérable que la société est forcée de garder improductives à la disposition des obligataires dont les titres ont été amortis, nous ferons remarquer que les obligations amorties en retard sont en général d'un nombre très restreint et qu'en outre avec le système des comptes-courants chez les banquiers la société a toujours à sa disposition un capital de roulement libre à première réquisition et en même temps productif d'intérêts. La société profite donc et jouit de la somme non réclamée ; il est par conséquent juste qu'elle serve les intérêts de ce capital. En faveur de notre opinion on a voulu faire intervenir l'article 1996 du Code Civil d'après lequel « le « mandataire doit l'intérêt des sommes qu'il « a employées à son usage, à dater de cet « emploi » ; on a ainsi assimilé la société à un mandataire qui aurait employé des sommes appartenant au mandant, c'est-à-dire, à l'obligataire, pour son compte et à son profit. Nous n'hésitons pas à avouer que nous ne voyons pas trop de quelle façon le mandat a été donné à la société par l'obligataire, ignorant l'amortissement de son titre ; d'autre part, il n'est pas prouvé que le capital laissé entre les mains de la société a été employé par celle-ci, pour son propre compte et à son profit.

Nous concluons en décidant que les coupons touchés par l'obligataire, après l'amortissememt de son titre, ne peuvent être indistinctement retenus par la société et déduits sur le capital que celle-ci lui doit rembourser, malgré la stipulation contraire, sauf le cas où il serait convenu entre les parties que les listes des tirages seront publiées dans tel journal dét·rminé d'avance, et que cette publicité servirait d'avertissement individuel.

L'obligataire est un créancier à terme incertain; l'arrivée du terme et l'exigibilité de la créance sont déterminés par le tirage au sort qui est fait par la société. C'est donc a elle qu'incombe le devoir d'avertir les titulaires des obligations sorties, car le seul fait de l'arrivée du terme ne saurait faire arrêter, pour une créance, le cours des intérêts.

Si nous condamnons la doctrine adoptée par la jurisprudence c'est aussi parce qu'elle est contraire, au point de vue pratique, aux intérêts des obligataires dont la situation est beaucoup plus intéressante que celle de la société qui impose ordinairement ses conditions et qui profite de cette liberté pour éteindre sa dette par un procédé non prévu par le contrat de souscription, mais très économique à coup sûr. L'obligataire, dans ces conditions, se trouve, à son insu et par la négligence de la société, possesseur d'un capital non seulement improductif, mais en même temps amortissable.

Nous avons dit que c'est surtout pour les titres étrangers circulant en France que le danger était plus grand à cause de leur publicité peu étendue. Une proposition de loi, déposée le 15 mars 1891, prévoyait le cas et décidait, dans son article 2, que : « le représentant de la société, de la ville, de la « province, de l'Etat, chargé en France du service « des coupons, est responsable envers le porteur de « titres à raison des paiements d'intérèts, arréra- « ges et dividendes, fait plus de six mois, après le « paiement du premier coupon qui suit le tirage. « Cette responsabilité s'applique malgré toute « stipulation contraire. »

Malheureusement la règle nouvelle de la loi de 1893 n'est applicable qu'aux sociétés françaises.

SECTION II

De la Faillite

Si, à la suite d'affaires malheureuses, la société se voit forcée, au cours de son exploitation, de déposer son bilan et de se déclarer en faillite, l'amortissement ne pourra plus suivre son cours régulier pour le remboursement des obligations. Le terme, d'autre part, qui a été stipulé dans le contrat, sera forcément avancé par l'effet du jugement déclaratif qui rend les dettes passives immédiatement exigibles. L'article 444 du Code de Commerce porte, en effet, que « Le jugement déclaratif de faillite rend « exigibles à l'égard du failli, les dettes passives « non échues. » En outre, l'article 1188 du Code Civil est ainsi conçu : « Le débiteur ne peut plus « réclamer le bénéfice du terme lorsqu'il a fait « faillite ou lorsque par son fait il a diminué les « sûretés qu'il avait données par le contrat à son « créancier. » L'effet de la faillite est donc la déchéance du bénéfice du terme qui emmène généralement la dissolution de la société.

Ce que nous dirons de la faillite, sera également vrai pour la liquidation judiciaire, lorsqu'il s'agira d'une société commerciale et pour la déconfiture à propos d'une société civile.

Les obligataires sont des créanciers ordinaires

dont la créance est à terme ; ils produiront donc à la faillite de la société, concuremment avec les autres créanciers sociaux ordinaires. Il est bien entendu que nous ne parlons que des obligataires chirographaires ; quant aux obligations garanties par un gage où une hypothèque, elles ne rentrent pas dans le cadre de notre étude.

Pour les obligations émises au pair, c'est-à-dire sans primes et sans lots, le capital réellement versé étant le capital porté sur le titre, il n'y a aucune difficulté à déterminer le montant pour lequel ils ont droit de produire dans la masse. La somme qui a été prêtée, dans ce cas, est exactement la somme qui est due par la société. Mais la grande majorité des obligations, sont des obligations à primes ou à lots. Le capital nominal dépasse alors de beaucoup le capital payé au moment de la souscription, et la difficulté s'élève dans la pratique, quant à la détermination du montant pour lequel les obligataires à primes doivent être colloqués.

L'importance de la question est grande, car si les obligataires sont autorisés a être colloqués pour le capital nominal, la plus grande partie de l'actif sera ainsi absorbée par eux au préjudice des autres créanciers chirographaires de la société. Si au contraire, les obligataires ne peuvent produire que pour la somme exactement versée, le montant des dividendes pour les autres créanciers, sera naturellement plus grand et les actionnaires pourront même espérer toucher une partie de leur mise, après désintéressement complet de la masse des créanciers.

Actuellement, d'après la solution généralement admise par la jurisprudence, l'obligataire à prime peut se faire admettre au passif, pour le taux d'émission augmenté : 1° d'une somme représentant des intérêts retenus jusqu'au jour de la déclaration de faillite ; et 2° de dommages-intérêts, dont le montant est calculé sur des données mathématiques ayant comme bases le temps moyen et la plus-value de l'obligation résultant des chances du remboursement.

Nous aurons donc à examiner trois théories différentes. La première ne reconnaît à l'obligataire, que le droit de produire pour le capital versé au moment de l'émission, supprimant ainsi, en cas de faillite, tout droit à la prime. Une deuxième opinion, l'opposée de la première, admet l'obligataire à produire pour la totalité du capital nominal ; c'est la théorie de la production intégrale. Enfin, un système intermédiaire réduit les prétentions des uns et des autres et tâche de concilier, d'après l'équité, les intérêts des autres créanciers sociaux et des actionnaires, avec les droits des obligataires.

A. — Les partisans du premier système, d'après lequel on ne pouvait produire que pour une somme égale à celle effectivement versée, insistaient sur ce fait que le taux d'émission représentait le montant réellement prêté et soutenaient que la collocation, en conséquence, ne devait dépasser ce chiffre. On peut répondre, tout d'abord, que le taux d'émission ne donne pas toujours la mesure exacte de la somme réellement versée et prêtée. Ainsi, le déboursé primitif, dans l'émission dite du robinet, est différent d'après les époques des mises en vente et d'après le cours des titres en bourse. De même, dans une émission faite à forfait, le prix payé par le banquier n'est jamais égal à la somme versée par l'obligataire souscripteur. A propos de l'émission faite par l'intermédiaire d'un banquier, on a voulu faire une distinction et on a dit : si le banquier offre les titres au public au nom de la société, on doit considérer comme taux d'émission le prix du forfait ; si, au contraire, le banquier se présente comme simple vendeur, c'est le prix versé par l'obligataire acheteur qui doit être considéré comme le prix d'émission.

Dans tous ces cas, la somme prêtée ne correspond nullement avec le taux d'émission ; quel sera donc le montant pour lequel l'obligataire sera colloqué ? On a proposé de prendre un prix moyen ; mais le résultat sera souvent préjudiciable pour les obligataires qui ont versé un prix supérieur au chiffre ainsi arbitrairement fixé, et une cause

9

de profit pour les autres. En admettant même que
le taux d'émission concorde exactement avec le
prix effectivement prêté, il n'en est pas moins vrai
que le capital nominal est la somme reconnue
comme due par la société et que celle-ci s'est engagée à rembourser.

Dans ce système de collocation pour le taux
d'émission, des auteurs ont été même jusqu'à soutenir que, lorsqu'on se trouve en présence d'obligataires ayant acheté leurs titres en Bourse, la
collocation doit avoir lieu pour le prix d'achat
seulement, s'il est inférieur au taux d'émission.
Nous repoussons cette solution, car ce serait, ainsi
qu'on l'a fait remarquer, admettre un retrait nouveau en dehors de ceux établis par la loi.

La prétention des sociétés, de ne vouloir admettre
les obligataires à produire que pour le prix d'émission, a été repoussée par la jurisprudence. Celle-
ci considérant la prime comme une accumulation
d'intérêts différés et capitalisés, ne pouvait refuser
aux obligataires de produire, en sus du prix d'é-
mission, tout au moins, pour les intérêts retenus
jusqu'au jour de la déclaration de faillite.

B. — Dans un deuxième système, très favorable
aux obligataires, on prétend que ceux-ci ont droit
de produire à la faillite de la société pour la totalité
de la somme due, en d'autres termes, pour le prix
nominal de leurs titres. Basée sur des arguments
juridiques, cette théorie a été défendue par

plusieurs auteurs et consacrée même par quelques décisions judiciaires. Pratiquement, pourtant, ce système est impossible à appliquer sans méconnaître le caractère spécial de l'obligation en général, et de la prime en particulier. On a soutenu en faveur de cette doctrine que l'obligation est une créance et que le débiteur était tenu de l'acquitter intégralement, en dehors de toute considération du taux d'émission, c'est-à-dire, du prix de cession de cette créance.

Les partisans de ce système disent encore que, la prime étant une compensation des risques du prêt à long terme, le prêteur doit avoir le droit de produire à la masse pour la totalité de cette prime qui a été précisément stipulée en vue de la faillite.

Un autre argument juridique en faveur de la collocation intégrale est celui tiré de l'article 444 du Code de Commerce. La faillite, dit-on, rend les dettes à termes exigibles ; l'obligataire est un créancier à terme ; il est donc en droit d'exiger la somme due au moment de la déclaration de faillite, somme qui est représentée par le prix nominal et que la société s'est engagée à rembourser. On a objecté que l'article 444, Code de Commerce, n'est pas ici applicable car le droit à la prime présenterait plutôt les caractères d'un droit conditionnel que ceux d'un simple droit à terme : la condition suspensive dont serait affecté le droit à la prime consisterait, soit dans l'accomplissement des tirages au sort périodiques, soit dans l'entretien d'un fonds d'amortissement (1).

On a dit, en outre, contre ce système, que la collocation pour le prix nominal serait souvent une cause de profit pour ceux qui ont acheté à la Bourse des titres à un prix inférieur au prix nominal. Il est, en effet, naturel que les obligations d'une société à la veille de faire faillite soient cotées à des très bas prix.

On peut ajouter contre la prétention des obligataires que ceux-ci, au moment de la déclaration de faillite, n'avaient qu'une très petite chance d'être remboursés au prix nominal, d'après la proportion des tirages dans la période ordinairement longue de l'amortissement et d'après le nombre total des obligations. La faillite ne peut donc pas être pour eux une source de profit au préjudice des autres créanciers sociaux dont le sort est aussi intéressant que le leur.

Mais l'argument le plus sérieux contre la collocation pour le prix nominal, nous est fourni par l'article 445 Code de Commerce aux termes duquel le jugement déclaratif arrête le cours des intérêts. Si donc les intérêts ordinaires cessent de courir, en cas de faillite, à plus forte raison, devons-nous décider, qu'il doit en être de même de ceux qui composent la prime et qui constituent une rémunération supplémentaire du prêt. Or, pour les

(1) Lévy-Ullmann. op. cit. p. 348.

obligations non encore remboursées, lors de la déclaration de faillite, la prime correspond aux intérêts à courir ; elle ne peut donc être réclamée, puisque les intérêts qu'elle est destinée à augmenter ne peuvent l'être eux-mêmes.

A cet argument on a objecté que l'art. 445 ne peut s'appliquer dans le cas qui nous occupe ; que la prime ne constitue pas des intérêts périodiquement exigibles et payables, mais une somme ajoutée dès l'origine au capital qu'elle augmente et avec lequel elle fait corps. Ainsi, dit-on, pour un effet de commerce, les intérêts à échoir ou l'escompte en dedans, sont confondus avec le capital et le porteur est autorisé à produire en cas de faillite pour la somme totale portée sur son billet ou sa lettre de change. La ressemblance entre le billet à ordre et l'obligation, quant à la prime, est grande en effet, mais la loi fait exception pour les effets de commerce et ne prévoit pas le cas de la prime. On ne peut donc décider par analogie, et l'art. 445, qui est le principe en la matière, doit être appliqué aux obligations.

C. — Dans le système intermédiaire, la jurisprudence admet, avec la majorité des auteurs, pour la collocation des obligations, le taux d'émission augmenté d'une somme représentative de la plus-value que la prime donne aux obligations. Mais sur la façon de déterminer le montant de cette somme supplé mentaire, l'accord n'a pas existé ni dans la

jurisprudence, ni parmi les auteurs. Des solutions
différentes ont été données qui, toutes pourtant,
découlent de ce principe que la prime de remboursement est composée d'intérêts retenus par la
société et capitalisés par elle. Voyons quelles ont
été les règles proposées pour servir à la détermination de la somme due, à titre d'indemnité en
sus du prix d'émission.

Dans la faillite du chemin de fer de Graissesac à
Béziers (1) la Cour de Paris décida que la somme
supplémentaire à ajouter au prix d'émission, devait
être la différence entre l'intérêt réellement servi et
le maximun de l'intérêt conventionnel. L'obligation, dit-on, est un double contrat composé d'une
part du prêt à intérêt, dont la faillite entraîne
l'exigibilité et, d'autre part, d'une convention accessoire de capitalisation qui avait pour but la création
de la prime. Le débiteur cessant par son fait la
continuation de la capitalisation, doit à l'obligataire
des dommages-intérêts, évalués, d'après cette
jurisprudence, au complément de l'intérêt légal
différé pendant le nombre des années écoulées
depuis l'émission jusqu'au jugement déclaratif.
Cette jurisprudence fondée sur un calcul arbitraire
— étant donné que la retenue peut être plus ou
moins forte — est aujourd'hui définitivement
abandonnée. D'ailleurs, elle est actuellement incompatible avec la loi du 12 janvier 1884.

(1) Paris, 23 mars 1862. D. 1863. 1. 350.

La Cour de Cassation, dans un système dit de la double indemnité, va plus loin en reconnaissant aux obligataires le droit de produire pour le prix d'émission augmenté : « de la somme de fractions d'intérêts réservés qui ont couru jusqu'au jour de la déclaration de faillite » et en outre, « d'une indemnité représentative de l'acroissement proportionnel de la valeur des obligations en raison des chances de remboursement. »

Cette jurisprudence a été modifiée par la Cour de Paris, qui confirme une solution du Tribunal de la Seine, d'après laquelle, pour fixer la somme supplémentaire ou la prime acquise, on doit procéder à deux opérations. La première consiste à déterminer le temps moyen de l'amortissement, c'est-à-dire le moment où le nombre des obligations amorties est égal au nombre des titres restant à amortir et où, mathématiquement, la chance du remboursement est identique pour tous les obligataires. Dans la seconde, on calcule quelle est la somme nécessaire qui, placée à intérêts composés, dans une période égale à celle qui sépare la déclaration de faillite du temps moyen, produirait la prime promise. Le résultat de ce calcul, d'après ce système, constitue la portion acquise pour laquelle l'obligataire pourra produire en sus du prix d'émission. Voici, d'ailleurs, dans quels termes cette méthode a été exposée par le le Tribunal de Commerce de la Seine :

« Attendu que pour apprécier la somme qui doit, à ce titre, être attribuée aux divers obligataires dont les obligations ne sont pas sorties au tirage, il y a lieu, — d'une part, de rechercher le moment où, d'après le tableau d'amortissement, il y aurait autant d'obligations remboursées que d'obligations à rembourser, de manière à établir, entre le dernier tirage réellement effectué et le tirage extrême prévu au contrat, le temps moyen où tous les porteurs actuels se trouveraient avoir, au jour de la faillite, des chances égales de remboursement ; — et, d'autre part, de déterminer la somme qui, sur une capitalisation annuelle d'intérêts conduite au temps moyen, produirait une somme égale au montant de la prime (1) ».

Pour évaluer la portion acquise de la prime, cette méthode se fonde sur une donnée qui, pour être mathématiquement exacte, n'en est pas moins pratiquement irréalisable pour ce qui a trait, du moins, à la capitalisation. En effet, « ce système ne tient pas compte de ce que si, pour des sommes importantes, la capitalisation produit des résultats certains à raison de la possibilité de les placer, la capitalisation ne peut, au contraire, servir à la reconstitution de la prime pour des sommes minimes allouées à chaque obligataire (2) ».

Dans ces systèmes c'est la capitalisation à inté-

(1) 10 avril 1878. C. Paris, 28 janvier 1879.
(2) Lyon-Caen et Reynault. Traité II, p. 391.

rêts composés d'une somme à déterminer qui est
la base des calculs. La somme supplémentaire
qui en résulte est souvent insuffisante et ne représente pas d'une façon équitable le dommage
causé aux obligataires par la perte du droit à
la prime promise. La Cour de Paris, modifiant le
calcul de l'indemnité à allouer aux obligataires,
adopte la capitalisation à intérêts simples. Ainsi,
pour obtenir la portion acquise de la prime de
remboursement, elle répartit la prime promise sur
la période comprise entre l'émission et l'époque
moyenne et accorde à chaque obligation une part
proportionnelle au nombre d'années écoulées (1).
La portion de prime à ajouter au prix d'émission est ici dans la même proportion avec la prime
totale, que le nombre des années écoulées jusqu'au
jugement déclaratif avec le temps moyen.

Le défaut de ce système consiste dans ce résultat
mathématique, que si la faillite survient après le
temps moyen, tous les obligataires restant à rembourser pourront produire, en sus du prix d'émission, pour une somme supérieure à la prime
promise. Supposons, par exemple, une société qui
a émis 10,000 obligations au taux d'émission de
350 fr., avec prime de 150 fr. et remboursables
dans un délai de 50 ans. Admettons que le nombre
annuel des titres amortis est de 200 et plaçons la
déclaration de faillite à la trentième année de la

_____

(1) Lévy-Ullmann, — op. cit., p. 335.

période d'amortissement. Le temps moyen étant
ici la vingt-cinquième année, nous aurons ce résultat inadmissible que les obligataires pourront
se présenter au passif de la faillite pour une prime
acquise de 180 fr. en sus du prix d'émission et,
par conséquent, pour une somme dépassant de
30 fr. le capital nominal de leur titre.

Toutes ces tentatives, pour déterminer le montant des dommages alloués aux obligataires et de
la somme à ajouter au prix d'émission, ne
purent fixer la jurisprudence qui, faute de législation sur la matière, se voyait forcée de décider
d'après les conditions particulières de l'espèce
qui lui était présentée, et de juger d'après une
règle qu'elle croyait toujours mathématiquement
précise et équitable pour les deux parties en litige.
La Cour de Cassation, elle-même, renonça à se
prononcer et à établir une règle unique, laissant
ainsi aux juges du fait le soin de fixer, *ex aequo
et bono*, la proportion acquise, d'après le taux de
l'intérêt, le temps écoulé depuis l'émission et le
temps restant à courir.

La loi belge, du 18 mai 1873, a tranché la difficulté relative aux droits des obligataires en cas
de faillite ; le projet de loi, adopté par le Sénat
français (1), avait admis le même système dans son
article 76, ainsi conçu : « En cas de liquidation ou
« de faillite, ces obligations sont admises au passif

_____

(1) 29 novembre 1884.

« pour une somme totale égale au capital qu'on
« obtiendra en ramenant à la valeur actuelle, au
« taux réel de l'intérêt de l'emprunt, les annuités
« d'intérêt et d'amortissement qui restent à courir.
« Chaque obligation sera admise pour une somme
« égale au quotient obtenu en divisant ce capital
« par le nombre des obligations non encore
« éteintes. Toutefois dans le cas où les obligations
« comprises dans une même série, ne sont pas
« émises à des conditions identiques, le taux de
« l'escompte des annuités à échoir est fixé à
« 5 pour cent ».

·Sur cette question encore la loi nouvelle de
1893 est restée muette.

SECTION III

De la Liquidation

En dehors des cas de faillite et de déconfiture qui
peuvent être des causes de dissolution indépen-
dantes de la volonté d'une société, celle-ci peut
également cesser d'exister à la suite d'un fait
volontaire, ayant comme conséquence sa mise en
liquidation. Les événements qui provoquent cette
liquidation sont, soit la cessation avant terme
de l'exploitation votée par les actionnaires ; soit sa
fusion avec une autre société ; soit, lorsqu'il s'agit

d'une compagnie de chemins de fer, le rachat de la concession par l'Etat. Nous supposons dans le rachat que c'est la compagnie qui a sollicité cette mesure. Nous laissons de côté le cas d'un rachat imposé par l'Etat, de par le droit qui lui est conféré par l'acte de concession.

L'Etat n'a pas encore usé de ce droit pour l'expropriation d'une concession de chemins de fer. Tous les rachats qui ont eu lieu jusqu'ici sont donc des cessions conventionnelles. Les compagnies n'ont pu y procéder qu'après décision préalable de l'assemblée générale et à la suite d'une convention sur des bases nouvelles et à des conditions autres que celles prévues par le cahier des charges.

Dans ces différents cas de liquidation et de dissolution volontaires et anticipés, on se demande quelle est la situation nouvelle qui est faite aux obligataires. On est d'accord pour reconnaître à ceux-ci, en leur qualité de créanciers à terme, le droit de demander des mesures conservatoires.

La question a été posée, si les obligataires avaient en outre le droit, en cas de liquidation, de demander le dépôt d'une somme suffisante pour assurer le fonctionnement de l'amortissement d'après le tableau arrêté. Cette prétention des obligataires a été soutenue devant la justice et jugée en leur faveur par quelques tribunaux, mais définitivement repoussée par la Cour de Cassation. Les arguments des obligataires étaient surtout basés sur la dimi-

nütion des sûretés promises aux obligataires
« sans lesquelles ils n'auraient pas livré leurs
fonds » et en outre sur l'art. 1978. Cet article donne,
il est vrai, au crédirentier, à défaut de paiement,
le droit de faire, sur le produit de la vente des biens
de son débiteur, l'emploi d'une somme suffisante
pour le service des arrérages. Mais n'oublions pas
que cette disposition prévoit un cas tout spécial
de rente viagère, et que son application ne peut
être étendue par analogie. Si on admettait la prétention des obligataires on aurait ainsi imposé à
la société, des conditions d'exécution, autres que
celles stipulées dans le contrat.

La jurisprudence, en outre, se fondant sur
l'article 1188 du Code Civil, a autorisé les obligataires à se prévaloir envers la société de la déchéance du terme. La liquidation de la Société, dit-
elle, avant le terme normal de sa durée, ou la
cession de ses lignes à l'Etat, quand il s'agit d'une
compagnie de chemins de fer, sont des événements
qui diminuent, par son fait, les sûretés qu'elle
avait données par le contrat à ses créanciers. Les
sûretés promises ici aux obligataires consistent
dans l'exploitation même, car en présence d'une
société anonyme, être impersonnel, qui n'est repré-
senté que par les capitaux des actionnaires, les
obligataires n'ont apporté leurs fonds qu'en considération de cette exploitation. Or le jour où l'exploitation vient à cesser, par le fait de la Compa-

gnie, les sûretés des prêteurs se trouvent singuliè-
rement diminuées (1). En outre, la mise en
liquidation, d'après l'opinion de la Cour de
Cassation, a notablement modifié la condition
des créanciers en arrêtant le fonctionnement de la
société et en faisant disparaître la chance des
bénéfices de l'exploitation sur lesquels les obligataires pouvaient compter pour le paiement de leurs
créances (2).

Cette manière de voir de la jurisprudence et
d'une partie de la doctrine, n'a pas prévalu et ne
peut être admise. D'après l'article 1188 du Code
Civil les causes de déchéance du bénéfice du terme
sont la faillite et la diminution des sûretés. Ecar-
tons, d'abord, la faillite qui ne peut ici être invo-
quée ; la liquidation, en effet, ne peut lui être
assimilée et aucune loi ne déclare une sociéte en
liquidation déchue du bénéfice du terme ; or, en
principe, il ne peut avoir de déchéance sans texte.
C'est donc pour diminution des sûretés données
au créancier que la déchéance du terme peut être
ici encourue. Mais nous savons que l'article 1188
entend par sûretés, les garanties spécialement
affectées par le débiteur à l'exécution de son contrat, telles que gage et hypothéque. On ne peut
donc considérer comme des sûretés, dans le sens
de cet article, le droit de gage général sur le

(1) Lechopié, Le Droit 7 Août 1881. p. 786
(2) Cass. Civ. 6 janvier 1885.

patrimoine du débiteur, accordé par les articles
2092 et 2093 du Code Civil, à tout créancier chirographaire.

Mais, objecte-t-on, le débiteur n'existe plus ici
puisque la société s'est dissoute et a cessé d'exister.
Nous répondrons que la personnalité de la société
débitrice existe malgré la liquidation, car il est de
principe, en droit français, que la société dissoute
est réputée subsister pour les besoins de sa liquidation. Nous concluons donc contrairement à la
jurisprudence que la déchéance du terme « n'est
« encourue pour diminution des sûretés promises
« qu'au profit des créanciers auxquels des garan-
« ties spéciales ont été accordées, non pour les
« créanciers purement chirographaires qui jouis-
« sent seulement du droit de gage général établi
« par les article 2092 et 2093 du Code Civil. C'est
« dans cette catégorie que rentrent habituel-
« lement les obligations » (1).

La jurisprudence, se fondant sur des considérations pratiques, a décidé que la société en liquidation peut imposer à ses créanciers le remboursement immédiat. D'après la Cour de Cassation,
la société en liquidation est dans l'impossibilité de
remplir ses engagements, alors que leur exécution
implique nécessairement le fonctionnement régulier et continu de la société. Que, d'autre part, le
service de l'amortissement est inconciliable avec

(1) Lyon, Caen et Renault, Traité, t. II, n° 583.

le fait de la liquidation, dont l'objet est d'opérer le plus *promptement* possible la réalisation de l'actif et l'extinction du passif. Or, dit-on, puisque le paiement du passif est une des opérations nécessaires de la liquidation, le remboursement des obligations s'impose logiquement. Le caractère de la liquidation, d'après la Cour Suprême, est essentiellement temporaire et par conséquent incompatible avec la continuation de l'amortissement dont la durée est ordinairement très longue. Les auteurs qui défendent cette théorie donnent tous les arguments pratiques puissants, il est vrai, mais sans valeur juridique. Le liquidateur, disent-ils, ne peut rester en fonction pendant toute la longue période d'amortissement. Cette situation serait contraire au but même de la liquidation et aux intérêts des parties. On a très bien répondu qu' « il serait vrai-« ment étrange que la société débitrice pût se « déclarer elle-même, par la bouche de ses liqui-« dateurs, dispensée du respect de ses engage-« ments, sous prétexte que leur exécution scrupu-« leuse entraverait et prolongerait sa liqui-« dation. » (1).

Mentionnons aussi une théorie de la Cour de Paris d'après laquelle la liquidation crée une impossibilité pour la société d'exécuter ses engagements. Cette théorie est basée sur cette conception que la société, à côté de l'engagement qu'elle a

(1) Le Courtois, Remb. antic. des oblig., p, 48.

pris de payer le prix nominal de sa créance dans un certain délai, a en outre contracté à cet effet une obligation de faire, laquelle consiste dans les tirages au sort successifs. La société, s'étant mise dans l'impossibilité par son fait d'exécuter ses engagements, ne peut être passible que de dommages-intérêts envers ses obligataires conformément à l'art. 1142 du Code Civil.

Cette doctrine nous paraît erronée, car d'une part l'engagement de la société n'est pas une obligation de faire. La principale obligation envers ses créanciers est une obligation de donner. Quant à l'obligation accessoire de faire, de procéder aux tirages de l'amortissement, elle ne sert qu'à déterminer la date et l'ordre dans lesquels son obligation de donner doit s'exécuter. D'autre part, la liquidation ne met pas, comme le prétend cette jurisprudence, un obstacle matériel tel, pour que la continuation des tirages au sort soit impossible. Nous sommes d'avis que les obligataires sont fondés à demander l'application de l'art. 1144 du Code Civil, en vertu duquel « le créancier peut aussi, en cas d'inexécution, être autorisé à faire exécuter lui-même l'obligation aux dépens du débiteur ». Cette solution ne serait pas pratiquement impossible et aurait en outre l'avantage d'être juridiquement conforme au principe qui considère la société dissoute comme subsistant

10

pour les besoins de sa liquidation et à la règle plus
générale de l'art. 1134 du Code Civil d,'après laquelle
« les conventions légalement formées tiennent lieu
de loi à ceux qui les ont faites. » Nous croyons
que les sociétés ne peuvent restreindre leurs engagements par leur seule volonté, et que le consentement mutuel est nécessaire pour changer les
termes du contrat primitif qui lie les deux parties.
Le cas peut se présenter lorsque une société civile
existe entre les obligataires. Le représentant de
ces derniers pourra alors traiter à l'amiable avec
le liquidateur de la société dissoute et régler les
conditions du remboursement.

La jurisprudence décide en général que le remboursement anticipé est de droit après la mise en
liquidation si l'une des parties, société ou obligataires l'a demandé.

Quant à la somme que ceux-ci peuvent réclamer, on applique ici les mêmes règles qui ont
servi en matière de faillite. Ainsi, d'après le
Tribunal de Commerce de la Seine, les obligataires
ne peuvent prétendre que pour le prix d'émission,
augmenté d'une portion acquise composée des
fractions d'intérêts retenus jusqu'au jour de la
liquidation ; ou, d'après la Cour de Paris, pour la
prime acquise représentative des retenues et d'une
indemnité pour la plus-value résultant des chances
de remboursement. Cette Cour adopte définitivement, pour la liquidation, le système qu'elle appli-

que en cas de faillite et qui consiste dans la détermination du temps moyen et dans le calcul de la
somme qui, capitalisée, produirait, à ce temps
moyen, une somme égale à la prime promise.

Toutes ces solutions, malgré leurs prétentions
à la précision mathématique, sont en définitive
arbitraires au même titre que celles que nous avons
étudiées en matière de faillite. Nous concluons donc
qu'en cas de liquidation ou de rachat conventionnel, la société n'a pas le droit d'imposer, d'après
les principes du droit, le remboursement anticipé
et que, d'autre part, les obligataires ne peuvent
l'exiger en alléguant la déchéance du terme pour
diminution des sûretés promises. On ne doit pas
confondre une société en faillite ou en déconfiture
avec une société en liquidation volontaire, et assimiler, comme le fait la jurisprudence, le rôle du
syndic avec celui du liquidateur. En cas de liquidation d'une société *in bonis* les intérêts en opposition ne sont plus entre créanciers, comme dans
la faillite, mais entre obligataires et actionnaires,
c'est-à-dire, entre créanciers et débiteurs. Il n'y a
donc plus les mêmes raisons pour maintenir
l'égalité entre créanciers en réduisant la créance
des obligataires au profit des autres créanciers
sociaux.

SECTION IV

Du Remboursement anticipé

Nous venons de voir que le remboursement anticipé est imposé aux obligataires en cas de faillite et que la jurisprudence décide de même en cas de liquidation.

Dans l'un et l'autre cas, la mauvaise situation financière de la société, ou sa mise en liquidation à la suite de la cessation de l'exploitation ou du rachat, peuvent être des raisons pour faire admettre le remboursement des obligations avant terme. Pourtant des sociétés florissantes et en pleine voie de prospérité, en dehors de toute intention de dissolution ou de mise en liquidation, ont élevé la prétention d'imposer à leurs obligataires le remboursement de leur créances dans des conditions différentes à celles primitivement stipulées dans le contrat. Ainsi certaines sociétés ont voulu abréger la période d'amortissement, dans le but d'arriver au complet remboursement de leur dette dans un délai plus court que celui fixé dans le cahier des charges de l'emprunt ; d'autres ont prétendu rembourser immédiatement tous les titres en circulation, supprimant ainsi totalement la durée de l'amortissement ; enfin des sociétés, imitant en cela l'exemple de l'Etat, ont proposé à leurs créan-

ciers de choisir entre le remboursement anticipé
de leur créance au taux nominal, ou une réduction
dans le taux de l'intérêt qui leur était jusqu'alors
servi. Cette dernière opération qui tend à se géné-
raliser s'appelle une *conversion*. L'Etat français à
diverses reprises employa ce procédé pour réduire
la charge de sa dette, en convertissant les rentes
perpétuelles.

Les sociétés ont souvent un grand intérêt à
demander le remboursement anticipé. C'est ainsi
quand elles se trouvent dans de bonnes conditions
de crédit et qu'elles peuvent, en profitant de l'état
favorable du marché financier, se procurer des
nouveaux capitaux à des taux beaucoup moins
onéreux que ceux payés à leurs obligataires. Ou
encore quand elles ont à leur disposition de grandes
sommes d'un placement difficile ; elles préfèrent
alors les employer pour éteindre la totalité ou une
partie de leur dette.

Telles sont les prétentions des sociétés et nous
voyons très bien l'avantage qu'elles peuvent tirer
de leur libération, en devançant le terme convenu, à un moment favorable qu'elles seules ont
choisi. Pourtant les sociétés, au moment de la
souscription, ont pris des engagements envers leurs
obligataires. Nous allons donc voir sur quel droit
se base leur prétention et quels sont les arguments
apportés pour ou contre le remboursement anticipé.

Cette question a soulevé des débats retentissants dans ces dernières années, surtout à propos du procès récent des obligataires de la compagnie de chemins de fer de l'Est, qui aboutit aux jugements, désormais célèbres dans la matière, des 18 juillet et 28 novembre 1895 et à l'arrêt du 22 avril 1896 de la Cour de Cassation (1). Les obligataires ont eu définitivement gain de cause, et les prétentions de la compagnie de l'Est ont été justement repoussées. Le prêt à intérêt industriel, ou l'obligation dans un emprunt amortissable, est passé, depuis la seconde moitié de ce siècle, « dans le premier rang des contrats l'ordre économique »; c'est pourquoi cette décision de la jurisprudence a une importance pratique considérable ; car, « d'autres sociétés ou compagnies peuvent se trouver dans une situation semblable, avoir un intérêt identique et vouloir imiter les procédés de la compagnie de l'Est (2) ». L'intérêt de la compagnie dans cette affaire, et le profit qu'elle devait retirer de la conversion proposée n'était pas inférieur à 50 millions, d'après son éminent avocat, Me Martini (3).

Rappelons, avant d'entrer dans l'examen de la question, que le contrat de souscription est un contrat de prêt à intérêt et que les obligataires sont des créanciers à terme. La question se ramène

(1) D. P. 1896. I. p. 434.
(2) M. Bouvier-Bangillon, *Journal des Sociétés*. Mai 1895, p. 195.
(3) *Gazette des Tribunaux*. 16 novembre 1895.

donc à décider en faveur de qui le terme est stipulé, dans toute dette à terme, et particulièrement, dans le contrat d'obligation.

Ainsi, si on décide que le terme, dans le contrat intervenu entre la société et les obligataires, a été stipulé en faveur du débiteur seul, on devra accorder à la société le droit d'y renoncer et, par conséquent, de procéder au remboursement anticipé. Mais si on conclut, au contraire, d'après les circonstances qui ont accompagné la formation du contrat, que le terme existe aussi bien pour le débiteur que pour le créancier, ce qui est aussi notre opinion, la société ne pourra rembourser, par anticipation, ses créanciers qu'avec leur assentiment. La solution de la question dépendra donc de l'interprétation qu'on donnera à l'article 1187 du Code Civil, qui est le droit commun de la matière et qui est ainsi conçu : « Le terme est toujours présumé « stipulé en faveur du débiteur, à moins qu'il ne « résulte de la stipulation ou des circonstances, « qu'il a été aussi convenu en faveur du créan- « cier ». Disons de suite que la question ne peut se poser que dans le cas où la société ne s'est pas réservé, par une clause spéciale, le droit de rembourser par anticipation. Ce n'est donc que dans le cas où le contrat est muet sur le remboursement que le doute peut exister.

L'article 1187 pose, en principe, que le terme est toujours présumé stipulé en faveur du débiteur.

Cette présomption légale est donc générale et s'étend à tous les contrats, même, quoique on ait dit le contraire, au prêt à intérêt. Quand le législateur a voulu y déroger, il l'a fait expressément comme dans le cas du dépôt où le terme est stipulé en faveur du créancier seul (art. 1944 C. Civil), ou encore, en matière commerciale, à propos de la lettre de change et du billet à ordre (art. 146 et 187 C. Com.). Le terme, dans ce dernier cas, est en faveur des deux parties : « Le porteur d'une lettre de change (ou d'un billet à ordre) ne peut être contraint d'en recevoir le paiement avant l'échéance. »

Certains auteurs, se fondant sur ces deux articles du Code de Commerce, ont soutenu qu'en matière commerciale le terme est stipulé en faveur aussi bien du débiteur que du créancier et que par conséquent la présomption de l'article 1187 n'y est pas applicable. Telle est aussi l'opinion de la Cour de Nancy qui prétend « que l'on ne peut méconnaître que, lorsqu'il s'agit des obligations contractées en matière commerciale, l'article 1187 ne peut recevoir l'application générale et absolue qui règle les contrats purement civils ; que s'il importe au débiteur de connaître à l'avance les époques stipulées pour sa libération, il n'est pas moins utile au créancier d'être fixé sur le temps où il devra trouver des capitaux disponibles en recevant un paiement ; qu'aussi les articles 146 et

187 du Code de Commerce ont protégé, à ce point de vue, les intérêts du créancier en édictant expressément que le porteur d'un billet à ordre ou d'une lettre de change ne peut... » (1).

Cette doctrine n'a pas prévalu. La majorité des auteurs n'admet pas qu'on puisse faire une distinction entre le droit civil et le droit commercial. Ce dernier ne constitue pas un droit différent et distinct. Le législateur, d'ailleurs, le dit clairement quand il renvoie au droit civil, comme à un droit commun, pour toutes les questions qui ne sont pas prévues par le droit commercial. Donc, pour les dettes à terme, tant en matière civile qu'en matière commerciale, la règle unique est celle formulée par l'article 1187. Quant aux articles 146 et 187, ils ne sont que des exceptions en matière commerciale du principe général déposé dans le Code Civil.

D'ailleurs, il ne faut pas oublier que la présomption de l'article 1187 est une présomption traditionnelle qui vient du droit romain en passant par l'ancien droit français ; or, Pothier lui-même, auquel les articles 1187 et 146 ont été empruntés, « considère la règle sur la lettre de change comme une exception au principe de la présomption du terme en faveur du débiteur. Donc, cette présomption pour Pothier (et nos législateurs suivent sa

(1) Cour de Nancy, 10 juillet 1882 ; D. P. 1883. 2. 165; S. 1883. 2. 237.

doctrine) est vraie en matière commerciale comme en matière civile. » (1).

En résumé, le terme en principe, d'après la règle générale de l'article 1187, applicable aussi bien en matière civile qu'en matière commerciale, est stipulé en faveur du débiteur. Si la loi ne faisait que poser ce principe, il n'y aurait pas de difficulté à décider que toute société, sauf stipulation contraire, peut toujours imposer le remboursement anticipé. Mais l'article 1187 ajoute : « à moins qu'il ne résulte de la stipulation ou des circonstances qu'il a été aussi convenu en faveur du créancier ». C'est donc dans l'interprétation des exceptions, que cet article apporte de suite après avoir posé la règle, que réside la solution de la question qui nous occupe. La présomption peut être renversée par la volonté des parties, soit expressément par une stipulation, c'est-à-dire par les termes de la convention, soit tacitement par les circonstances ou les conditions extrinsèques qui accompagnent l'acte juridique. Nous pouvons donc dire que « toute la « question du remboursement anticipé des obliga- « tions repose sur l'interprétation du contrat de « souscription d'obligation. Cette interprétation « se tirera, nous dit l'article 1187, des circons- « tances (2) ».

Généralement, dans les emprunts contractés

(1) M. Bouvier-Bangillon. Du remb. anticipé, p. 200.
(2) M. Bouvier-Bangillon. *Journal des Sociétés* 1896, p. 196.

par les sociétés par voie d'émission d'obligations,
les circonstances sont de nature à prouver que le
terme a été aussi stipulé dans l'intérêt du créancier, et que l'intention des parties au moment de
la souscription, a été d'écarter la présomption de
l'article 1187. Remarquons qu'aucune règle précise n'a été établie par la doctrine ou la jurisprudence ; aussi, la Cour de Cassation a-t-elle décidé
que c'est toujours une question d'espèce à résoudre et que le juge du fait peut souverainement
juger d'après les diverses circonstances qui
accompagnent le contrat au moment de sa formation. En effet, c'est à ce moment que nous devons
nous placer pour interpréter la volonté des parties ;
« nous n'avons pas à nous occuper, dit M. Martini, des circonstances postérieures au contrat.
Nous n'avons qu'à examiner les circonstances au
milieu desquelles le contrat s'est formé (1) ».

Examinons les circonstances qui concourent à
une émission d'obligations. D'abord, la manière
dont s'effectue le remboursement, prouve implicitement que la société a renoncé à son droit de
s'acquitter avant terme. En effet, l'amortissement
est réparti sur un grand nombre d'années et doit
se faire par parties successives, d'après un tableau
arrêté d'avance, qui fixe les époques des tirages.
Les partisans du remboursement anticipé ont prétendu que la période d'amortissement n'était qu'un

_____

(1) *Gazette des Tribunaux.* 10 juillet 1895.

délai maximum que la société s'engageait à ne
pas dépasser, mais qu'elle pouvait réduire ; car,
disent-ils, il n'est pas prouvé qu'elle entendait par
là renoncer à son droit de rembourser par anticipation, et cette renonciation ne se présume pas.
Nous ne sommes pas de cet avis; nous pensons,
au contraire, que les circonstances dont parle
l'article 1187, démontrent assez clairement que la
durée de l'emprunt a été une des causes détermi-
nantes qui ont décidé l'obligataire à souscrire. Le
prêteur, en effet, a entendu faire un placement de
fonds durable, de façon à ne plus s'inquiéter, pendant une longue période de temps, de l'emploi de
ses capitaux. Il est certain que s'il savait être sous
le coup d'un remboursement anticipé, il n'aurait
pas souscrit aux mêmes conditions ; peut-être
même, aurait-il refusé de prêter pour une période
dont la durée dépendrait de la seule volonté de
l'emprunteur.

D'autre part, « quand on examine l'amortissement par tirage au sort d'après les indications
d'un tableau *ad hoc*, on constate immédiatement
qu'il y a dans la convention qui le stipule une
clause de remboursement anticipé et limité. S'il en
est ainsi il faut dire que par là même que la
société s'est réservé un remboursement anticipé,
limité chaque année à un certain nombre d'obligations, elle a manifesté, sans discussion possible,
sa volonté que le remboursement anticipé sans

limitation fut impossible. Si la société a le droit de rembourser par anticipation et arbitrairement des obligations, à quoi bon faire un tableau et déclarer qu'elle rembourse chaque année une certaine quantité de titres? Un pareil procédé serait contradictoire (1). »

Une autre circonstance, qui démontre que les obligataires ont grand avantage à ne pas être remboursés avant terme, est relative au taux de l'intérêt. Le souscripteur, en effet, a pris en considération que le loyer de l'argent tend toujours à s'abaisser « en vertu d'une sorte de loi naturelle ». En consentant donc à souscrire, à un taux d'intérêt inférieur au taux moyen des bons placements lors de l'émission, l'obligataire a voulu sans doute s'assurer ainsi des revenus invariables et rémunérateurs. Ajoutons que l'obligataire a intérêt à écarter la présomption de l'article 118ª, pour cette raison encore que souvent le cours des obligations dépasse le capital nominal et s'élève au-dessus du pair. Cette augmentation, ajoutée à la valeur du titre, est une plus-value appréciable et presque toujours prévue et escomptée. Le remboursement anticipé, effectué sur le pied du taux nominal, aurait donc pour conséquence la perte de cette plus-value.

A ces arguments, contre le remboursement anticipé, on a fait des objections. Ces raisons, dit on,

(1) M. Bouvier-Bangillon, *Journal des Sociétés*, p. 209.

sont sérieuses et suffiraient à combattre la présomption de la loi si elles étaient seules ; mais il
existe du côté de la société des raisons également
puissantes, en sens inverse.

« La personne morale qui emprunte, dit M.
« Planiol, se lie pour une longue série d'années.
« Elle donnerait à l'opération un caractère aléa-
« toire extrêmement dangereux si elle renonçait
« au droit que lui donne l'article 1187. Elle se
« priverait de ce droit, à un moment où il lui est
« impossible de prévoir les variations éloignées
« que pourra subir l'intérêt de l'argent. Elle accep-
« terait en aveugle des charges financières qui
« pourraient à la longue devenir excessives, hors
« de proportion avec les conditions économiques
« des temps à venir. S'il en était ainsi, il faudrait
« condamner ce système d'emprunt se perpétuant
« pendant trois quarts de siècle sans aucune espèce
« d'allégement par voie de conversions.

« Il ne faut pas oublier, du reste, que l'Etat,
« les départements et les communes font face à
« leurs charges avec l'impôt, c'est-à-dire avec
« l'argent de tout le monde. Ils trahiraient leur
« devoir s'ils se liaient de la sorte, eux et leurs
« contribuables sans nécessité. On doit donc se
« demander si les emprunts faits sous cette forme
« ont besoin pour attirer les souscripteurs de
« contenir une renonciation à la faculté de conver-
« tir. Est-il nécessaire de garantir au public le

« maintien indéfini de l'intérêt offert ? C'est ici la
« considération décisive. A notre avis, on se trom-
« perait en affirmant cette nécessité. Le public ne
« porte pas ses regards si loin. Dans une affaire
« qui se prolonge au-delà du temps que les parti-
« culiers envisagent pour régler leur train de vie,
« on se contente du présent. Si l'opinion contraire
« à la nôtre était admise, l'établissement débiteur
« aurait besoin de faire une réserve expresse pour
« se ménager la faculté de convertir. Certains le
« feraient. Croit-on qu'ils éloigneraient beaucoup
« de souscripteurs, en énonçant cette réserve sur
« leurs affiches ou dans les journaux qui annoncent
« leur emprunt ? Nous parlons des établissements
« qui ont la faveur du public, tels que nos grandes
» compagnies ou nos grandes villes. On leur prê-
« terait tout autant et la preuve en est faite. Ce
« que nous venons de considérer comme hypo-
« thèse n'en est pas une, il y a quelqu'un qui em-
« prunte d'ordinaire en faisant cette réserve : c'est
« l'Etat. La rente sur l'Etat n'est qu'un emprunt
« remboursable à tout moment. Or le succès des
« emprunts de l'Etat n'est pas inférieur à celui des
« autres. Son crédit va de pair pour le moins, avec
« celui de la ville de Paris, des chemins de fer et
« des grands établissements financiers. Ce n'est
« donc pas la possibilité d'une conversion éloignée
« qui écarterait le public. Les souscripteurs se
« diront toujours qu'ils auront le temps de sortir

« de cette valeur auparavant, et que dussent-ils
« subir une conversion, ils se trouveraient sim-
« plement ramenés au niveau futur de l'intérêt
« normal. Ne doit-on pas conclure de là que la
« ville ou l'établissement qui emprunte a entendu
« se réserver le bénéfice du droit commun ? Une
« renonciation à ce droit serait un sacrifice sans
« compensation.

« En tous cas la situation est celle-ci : L'une des
« deux parties, le prêteur, aurait intérêt à déro-
« ger à la présomption de l'article 1187 ; l'autre,
« l'emprunteur, aurait un intérêt au moins égal à
« rester sous l'empire de cette présomption. Elles
« n'ont rien dit ni l'une ni l'autre, qui puisse faire
« deviner leur pensée. Que décider sinon que la
« présomption légale subsiste ? les deux intérêts
« contradictoires se neutralisent (1). »

Nous ne partageons pas cette manière de voir. Il
n'est pas exact de dire qu'il est impossible de prévoir
les variations éloignées que pourra subir l'intérêt
de l'argent. Il est au contraire admis, comme nous
venons de le remarquer, que la diminution pro-
gressive du taux de l'intérêt est presque une loi
économique, connue et prise en considération par
les parties contractantes, au moment de la souscription. La société ne peut donc pas, dans un emprunt de longue durée, exciper d'un aléa survenu
après la formation du contrat.

(1) Planiol, note. D. 1892, 2, 169.

Quant à l'objection que les obligataires ne font nullement attention si une obligation est ou non remboursable par anticipation et que la possibilité d'une conversion n'est pas prise en considération par les souscripteurs, nous croyons pouvoir affirmer que la pratique nous démontre tout le contraire. Le public n'est pas aussi naïf qu'on veut bien le supposer ; comment expliquer autrement, que les obligations non remboursables par anticipation atteignent des prix que ne sauraient atteindre les obligations remboursables ? Dans l'affaire précitée de la Compagnie de l'Est, M. Waldeck-Rousseau a très exactement remarqué que les obligations de la Compagnie P.-L.-M. (contenant clause formelle de remboursement anticipé), à la différence des obligations de l'Est, n'avaient jamais dépassé le pair (1). « Le public se rend donc bien compte de l'importance de la clause de remboursement anticipé. Pourquoi s'en rendrait-il compte seulement lorsqu'il achète des obligations et non lorsqu'il les souscrit à l'émission (2) ? ».

Il nous reste à rechercher si la présence de la prime, dans un emprunt amortissable, modifie de quelque façon les circonstances de l'article 1187 et la situation des parties quant à la présomption

(1) Gazette des Tribunaux, 16 novembre 1895.
(2) M. Bouvier-Bangillon, loc. cit.

du terme. On a prétendu que la prime autorisait tacitement le remboursement anticipé pour cette raison
que l'obligataire avait tout intérêt à toucher, dix ou
vingt ans plus tôt qu'il ne devait s'y attendre, le
bénéfice de la prime (1).Cette opinion a été consacrée par quelques décisions judiciaires basées sur
ce motif que, la prime fait disparaître l'intérêt que
l'obligataire semble généralement avoir au maiņ-
tien du terme à cause du revenu annuel attaché
à son titre (2). Nous croyons que la prime, aussi
forte qu'elle puisse être, ne peut influencer qu'acces-
soirement l'obligataire au moment de la souscription. La chance de toucher la prime en effet est
tellement insignifiante et minime qu'il serait mathématiquement illogique de prétendre qu'elle a pu
entrer en ligne de compte dans la détermination du
souscripteur. Le but et la préoccupation sérieuse
de l'obligataire était de faire un placement de fonds,
c'est-à-dire un placement de longue durée avec
un débiteur solvable et solide. Avant de finir citons
une partie relative à la prime de la plaidoirie de
Mᵉ Waldeck-Rousseau dans le procès des obligataires de la Compagnie de l'Est. « A-t-on pu penser
« que les compagnies pourraient rembourser *ad*
« *nutum* la totalité de leurs obligations et que les
« obligataires l'accepteraient ? Mais, dit-on, vous
« avez été séduit par l'appât de la prime ! La

(1) Aubry. Dijon, 1891, p. 242.
(2) Lévy-Ullmann, Traité, Oblig. à primes, p. 406.

« réponse est facile. D'abord si j'ai envisagé une
« chance d'être remboursé à bref délai, je n'ai pu
« penser à un remboursement à long terme et
« avec perte ! En second lieu il n'est pas exact de
« dire que la prime ait été l'élément essentiel du
« contrat ; au contraire, ce n'était qu'un détail
« méprisable et mesquin. En 1852, quelles étaient
« les préoccupations des obligataires ? Toucher la
« prime ? En aucune façon, car ils n'avaient pas
« une chance sur mille d'y arriver. C'était donc
« un élément infinitésimal. Au contraire, la préoc-
« cupation sérieuse, déterminante des obliga-
« taires à cette époque était d'avoir un débiteur
« sûr, c'était de faire un placement à longue
« échéance ; et, si cette condition venait à faire
« défaut, d'être remboursé avec prime, c'est-à-
« dire avec intérêt différé ; cela résulte des tableaux
« de parité où l'on ne voit figurer aucune différence
« entre les obligations amortissables avec ou sans
« prime. D'ailleurs, les obligations à prime ne
« valent pas plus cher que les autres en Bourse.
« Donc sans exclure cette considération pour le
« prêteur d'être remboursé à bref délai avec un
« certain avantage, on peut affirmer que ce n'est
« là qu'une petite partie du contrat qu'il a sous-
« crit. Ce qui l'a décidé, entraîné, c'est la perspec-
« tive de prêter à une compagnie solvable, garan-
« tie par l'Etat, à un taux rémunérateur et sans

« souffrir de l'abaissement progressif du taux de
« l'intérêt (1) ».

Si la personne morale qui a emprunté au moyen
d'une émission d'obligations à primes n'a pas le
droit d'imposer un renboursment anticipé à ses
créanciers, à plus forte raison, devons -nous décider que ce droit lui doit-être refusé pour les obligations à lots. Le lot est un avantage attribué à un
nombre très restreint d'obligations à la différence
de la prime qui est un bénéfice égal (comme montant) pour tous les obligataires. Le raisonne-
ment qui a été fait, à propos de l'intérêt que doit
avoir l'obligataire à être remboursé à bref délai,
ne peut donc plus être reproduit pour les obligations à lots.

On peut aussi ajouter qu'un remboursement
anticipé d'obligations à lots irait à l'encontre de
l'esprit de la loi d'autorisation qui n'a permis leur
émission qu'à la condition essentielle que l'emprunt constituerait pour les souscripteurs un placement durable. (2)

En dehors de la question du caractère, licite ou
non, du remboursement anticipé, disons deux mots
pour finir de la manière dont ce remboursement
sera réalisé. Il est évident, à moins de clause contraire, que le remboursement anticipé ne saurait
priver les obligataires de leur droit aux chances des

(1) Gazette des Tribunaux, 10 juillet 1895.
(2) Lévy-Ullmann, Traité, p. 410 n° 394.

lots. Des combinaisons diverses ont été proposées.
D'après une première, on opérait le remboursement au pair, en réservant aux porteurs, au moyen
de la délivrance de bons de tirages, leur droit
éventuel aux lots. Une deuxième, consistait à rembourser les obligations, en procédant immédiatement à tous les tirages des lots, qui ne devaient
être payés qu'aux dates primitivement fixées par
le contrat. Le bénéficiaire, d'après ce système,
pouvait même faire escompter par la société la
valeur actuelle de son lot. D'après d'autres systèmes, la société devait payer une indemnité égale
à la valeur actuelle de la chance des lots, d'après
le calcul adopté en matière de faillite ; ou encore,
la société, qui usait du remboursement anticipé,
devait rembourser les lots gagnés sans escompte
et immédiatement, comme elle le faisait pour la
prime. Tous ces divers procédés ont leurs inconvénients au point de vue du règlement des intérêts
privés, en faisant connaître par avance les obligations qui bénéficient de lots.

Pour conclure, nous répèterons ici ce que nous
avons eu maintes fois l'occasion d'exprimer au
cours de notre modeste étude. Une règlementation
légale des obligations s'impose pour fixer la jurisprudence qui, faute de législation spéciale, se voit
souvent dans la nécessité de suppléer au silence
de la loi. Cette réforme aurait en outre l'avantage

de faire cesser les controverses nombreuses qui se sont élevées dans la doctrine.

Il serait à souhaiter principalement que l'attention du législateur français soit portée bientôt sur les difficultés qui ont trait à la liberté d'émission des obligations, au rapport qui doit exister entre le capital-actions et le capital-obligations, à la représentation des obligataires, et au taux pour lequel les porteurs d'obligations à primes ou à lots pourront produire à la faillite de la société débitrice.

Ce sont autant de questions que le Sénat avait réglées dans le projet de loi du 29 novembre 1884. Depuis cette date, ce projet attend toujours la sanction du vote de la Chambre qui peut seule lui donner force de loi. Espérons qu'un avenir prochain réalisera cette importante réforme.

Vu :

Par le Président de la Thèse,

BOUVIER-BANGILLON.

Aix, le 15 juin 1897

Vu :

Le Doyen,

A. PISON.

Vu et permis d'imprimer :

Le Recteur,

BELIN.

TABLE DES MATIÈRES

CHAPITRE III

Vie des Obligations

CHAPITRE IV

Extinction des Obligations

Marseille. — Imprimerie T. SAMAT et Cie, 15, quai du Canal.

ERRATA

				au lieu de :	lisez :
Page	11, ligne	16,	au lieu de : c'est les	lisez : c'est l'ensemble des
—	16, —	15,	— : à toucher	— : de toucher
—	21, —	3,	— ; 27 juillet	— : 24 juillet
—	28, —	15,	— : doit-il être	— : doit être
—	40, —	24,	— : entièremen	— : entièrement
—	44, —	19,	— : 1877	— : 1867
—	74, —	29,	— : poursuivre	— : poursuite
—	75, —	2 et 9,	— : dus, dus	— : dûs, dûs
—	78, —	12,	— : art. 1135	— : art. 1230
—	89, —	8,	— : 1870	— : 1890
—	100, —	24,	— : anormale	— : normale
—	105, —	16,	— : amortis	— : amorties
—	», —	28,	— : administraction	: administration
—	126, —	28,	— ; 1884	— : 1886
—	130, —	20,	— : proportion	— : portion
—	136, —	11,	— : les arguments	: des arguments

www.ingramcontent.com/pod-product-compliance
Lightning Source LLC
Chambersburg PA
CBHW050117210326
41519CB00015BA/4004